MÉMOIRES

DES AUTRES

★★★★★★

SOUVENIRS ANECDOTIQUES

SUR MES CONTEMPORAINS

VICTOR HUGO, ALEXANDRE DUMAS, THÉOPHILE GAUTIER, BARBEY

D'AUREVILLY, GÉRARD DE NERVAL, MÉRY, ETC.

MÉMOIRES
DES AUTRES

PAR

La Comtesse DASH

★ ★ ★ ★ ★ ★

SOUVENIRS ANECDOTIQUES
SUR MES CONTEMPORAINS

PARIS
A LA LIBRAIRIE ILLUSTRÉE
8, RUE SAINT-JOSEPH, 8

MÉMOIRES DES AUTRES

★ ★ ★ ★ ★

SOUVENIRS ANECDOTIQUES

SUR MES CONTEMPORAINS[1]

CHAPITRE PREMIER

J'étais fort liée avec une des plus belles et des plus spirituelles femmes de ce temps-ci, la marquise de V... Elle avait une de ces rares beautés qui éblouissent et qui séduisent. Son visage n'était pas d'une régularité absolue, mais ses yeux, ses dents, son sourire de corail, ses cheveux d'un brun foncé, sa physionomie, pétillante et distinguée en même temps, lui prêtaient un charme que je n'ai connu à aucune autre.

1. Le volume des Mémoires des Autres, qui précède celui-ci, a pour titre : *Souvenirs anecdotiques sur le Second Empire.*

Ce qui était splendide chez elle, c'était sa tournure, son port ; elle produisait un effet incroyable ; bien qu'elle fût d'une taille hors des proportions ordinaires, personne n'a songé à se plaindre qu'elle fût trop grande : on ne s'en apercevait pas. Elle dansait avec autant de grâce que si elle eût eu quatre pieds de haut ; elle en avait cinq et quatre pouces en plus. Elle était plus grande que beaucoup d'hommes ; on ne s'en doutait qu'en la voyant à côté d'eux. Je n'ai vu qu'à elle cette singulière facilité de se rapetisser, pour ainsi dire. Elle marchait bien droite cependant.

Je fis une fois cette observation, bien des années auparavant, en voyant à Lucerne le monument élevé aux Suisses tués le 10 août à l'attaque des Tuileries. C'est un lion taillé en relief, dans un immense rocher, au-dessus d'un lac en miniature. Il est couché dans sa grotte, sur des drapeaux fleurdelisés qu'il semble défendre ; des javelots brisés l'entourent ; il a dans le flanc une profonde blessure ; une flèche cassée y est encore. Il me parut très petit ; je ne jugeai son immense taille qu'en voyant un gros pigeon ramier se placer sur son dos, qui me fit l'effet d'un roitelet.

On m'assura que la perfection de ses formes en diminuait le volume. Il en était de même de la marquise apparemment.

Elle avait des épaules et des bras statuaires, des mains et des pieds d'enfant — on les a très souvent moulés ; — elle avait une opulence de tournure rare et une ceinture à prendre dans les dix doigts. Je me la rappelle un soir à l'Opéra : nous allâmes ensemble dans une loge de balcon, à la représentation du *Lac des fées*, d'Auber ; elle était coiffée d'une écharpe d'Angleterre qui formait un turban — c'était la mode — les bouts retombaient sur sa poitrine décolletée. Elle produisit un tel effet, lorsqu'elle parut, que toute la salle se retourna, et ce fut une véritable sensation.

Quant à son esprit, il avait — il a toujours — la finesse. le trait et l'à-propos. Elle n'a pas sa rivale dans un dîner, qu'elle dirige avec un art inimitable ; elle sait prêter de cet esprit qui étincelle à ceux qui n'en ont pas, et leur en fait trouver ; ils croient qu'ils en ont d'eux-mêmes, alors que tout lui appartient.

Elle possède un charme indéfinissable, de la glu, et vous attache malgré vous. On lui en voudrait ; on croirait avoir à se plaindre d'elle ; aussitôt qu'on la voit, qu'on l'entend, on est désarmé, et quand on se retire, on serait plutôt tenté de s'accuser soi-même que de la croire coupable.

Elle a trois filles, toutes remarquablement jolies, bien qu'aucune d'elles n'approche de la perfection *char-meuse* de leur mère.

Notre connaissance datait de loin : son frère du premier lit, M. de L..., avait commencé sa carrière à Poitiers dans les contributions. Il était très lié avec mes parents, et m'avait vue dans mon enfance. Nous nous rencontrâmes à un bal costumé à Paris. Nous nous reconnûmes. Sa sœur y était. Il nous présenta l'une à l'autre. Mon Dieu ! qu'elle était adorable alors !...

Nous nous perdîmes de vue ; deux ou trois ans après le hasard nous rapprocha. Nous avions toutes deux pour ami un homme très connu dans le monde et dans les lettres, à la fin de la Restauration et dans les premières années de Louis Philippe. Il était alors un des propriétaires et des rédacteurs de *la Mode*, dont la verve légitimiste faisait beaucoup de bruit et agaçait fort le gouvernement. Le journal était méchant comme la peste ; il emportait le morceau et ridiculisait la cour citoyenne, et Dieu sait que ce n'était pas facile !

Aussi les procès et les amendes pleuvaient : un pauvre brave homme, nommé Voilet, à qui on avait ajouté de Saint-Philbert, probablement le nom de son village, était gérant responsable. Ah ! combien d'années de prison il a faites pour cela !

A l'époque où nous sommes, M. Alfred du Fouge-rais avait vendu le journal et mis sa plume au fourreau. Il s'était fait simplement avocat, bien qu'il ne plaidàt qu'à ses heures. On ne saurait avoir plus d'esprit et du plus fin, du plus mordant. Il était drôle et amusant au possible, quoique toujours de bonne compagnie. Il ne fallait pas tomber sous sa patte : bien qu'il n'eût aucune méchanceté, en action, ses mots perça'ent comme un dard.

Il me rapprocha de Mme de V...; à dater de ce moment nous nous vîmes beaucoup. Elle était Mlle de M... et appartenait à une des meilleures familles du Dauphiné. Sa mère, Mlle de F..., s'était mariée deux fois, et avait eu des enfants des deux lits. Un de ses fils du second, M. de M..., capitaine en Afrique, est mort d'une façon héroïque.

Il venait d'être blessé mortellement à la tête de sa compagnie, dans une de ces sanglantes batailles qui signalèrent le commencement de notre conquète. On l'avait envoyé en tirailleur. Il se sentait perdu, et ses soldats écrasés par un nombre supérieur d'ennemis voulurent l'emporter en se sauvant. Il retardait leur marche, naturellement, et doublait les chances des Arabes qui le poursuivaient.

— Laissez-moi, leur dit-il, je vous l'ordonne; vous vous ferez écharper, au lieu qu'en m'abandonnant vous aurez bientôt rejoint le corps de l'armée !

— Non, mon capitaine, nous ne vous laisserons pas à ces gens-là, qui vous couperaient la tête.

— Je suis mort, qu'importe !

— Jamais ! jamais !

Une fusillade fit tomber cinq ou six hommes autour de lui.

Il les supplia encore, il leur commanda de fuir : rien n'y fit.

— Vous êtes bien décidés? demanda-t-il.

— Irrévocablement.

— Ma mort vous sauvera donc, malgré vous, alors.

Il tenait encore à la main un de ses pistolets chargés ;

avant qu'on put soupçonner son dessein, il l'appliqua sur son côté gauche et tira. Il ne s'était pas manqué, la mort fut instantanée. Ses grenadiers purent courir alors et la majeure partie arriva jusqu'au régiment, mais ils n'avaient pas abandonné le corps de M. de M... dont la conduite héroïque fut connue de toute l'armée.

Il y avait, cette année-là, à Paris, — l'année où j'ai revu Mme de V... — il y avait, dis-je, un jeune homme récemment arrivé de la province avec la ferme volonté de parvenir. C'était un Normand du Cotentin. Il avait achevé son droit à Caen, au sortir d'un collège de Paris, où il avait eu pour condisciple Maurice de Guérin, devenu si célèbre depuis. Il a vécu longtemps dans l'intimité de celui-ci et de sa sœur, Eugénie de Guérin.

Ce jeune homme avait fait d'excellentes études. Il savait beaucoup, mais il cherchait sa voie, et sa grande intelligence flottait indécise.

Fils d'un bon gentilhomme appartenant à la haute société de son pays, il fit jeter les hauts cris à son père, lorsqu'il lui déclara qu'il voulait être homme de lettres. Peu s'en fallut que ce père le maudît ; il le chassa du moins, en lui déclarant que s'il ne changeait pas de direction, il n'avait pas un sou à attendre de lui.

— Eh bien ! répliqua le jeune homme avec enthousiasme, j'en gagnerai.

Ceci parut à cet honnète gentilhomme une énormité sans pareille. Son fils avait la prétention de vendre ces pages gribouillées, dont il n'aurait pu lire un mot ! C'était là une outrecuidance, dont l'expérience ne le guérirait que trop tôt.

Il le laissa partir, comptant bien qu'il reviendrait.

Le débutant avait deux frères, dont l'un, presque aussi supérieur que lui, prenait bien une autre décision. Il voulait se faire moine. On voit d'ici ce pauvre père, qui n'était pas un aigle, et qui en trouvait deux sur son perchoir.

Le futur écrivain se mit en route avec un minime bagage et quelques sous dans sa poche, qu'il devait à la tendresse de sa mère (1). Elle avait boursillé à l'insu de son mari, car une mère est toujours mère, et les besoins de son enfant la touchent vivement, quels que soient ses torts.

La première chose que fit le révolté, ce fut de se dire républicain (2), pour faire pièce à l'auteur de ses jours. Puis, pour être conséquent avec la démocratie, il écourta le nom de sa famille. Il avait deux noms

(1) Je m'en suis allé, non pour faire de la littérature, mais par amour de l'indépendance. Ma mère ne m'a jamais rien donné; elle était trop soumise à la volonté de mon père pour cela.

Ce n'était pas quelques sous que j'emportais de la maison paternelle, mais un assez joli capital que m'avait légué mon grand-oncle maternel, l'oncle de ma mère, capitaine au régiment de Provence avant la Révolution, et général de l'armée des chouans sous M. de Frotté. C'est cet oncle qui m'avait nommé et qui me donna tout ce qu'il avait, — une somme qui, placée sur l'Etat, eût pu me faire vivre, mais qui fut bientôt dévorée dans mon feu de jeunesse.

Cet oncle s'appelait le chevalier de Montressel (chevalier selon l'usage des cadets dans les familles nobles avant la Révolution).

Il est mort sous la Restauration, chevalier de Saint-Louis. (*Note de Barbey d'Aurevilly.*)

(2) Je ne me fis point républicain pour faire pièce à mon père.

Mon père était absolu dans ses idées, et moi dans mes passions. J'étais alors comme tous ces imbéciles de jeunes gens qui commencent leurs fredaines par la République. J'avais la bêtise d'être de bonne foi dans cette opinion, que la connaissance de MM. les républicains, l'histoire que j'étudiais et ma réflexion détruisirent bien vite. (*Note de Barbey d'Aurevilly.*)

comme presque tous les gentilshommes ; il supprima
la particule nobiliaire et, au lieu de Barbey d'Aurevilly, il se fit appeler superbement Barbey.

C'est sous cette dénomination que je l'ai connu.
Ceci me rappelle une drôlerie de ce pauvre Roger de
Beauvoir, arrivant chez Mme de V... par un temps
affreux ; Barbey, qu'il avait vu deux ou trois fois à
peine, était debout près de la cheminée, de sorte qu'il
l'aperçut en entrant.

— Ah ! marquise, dit-il, je vous demande pardon,
je n'osais pas entrer chez vous, je suis crotté comme
un... (1) caniche, se hâta-t-il de dire au lieu de barbet
qui lui venait aux lèvres.

Il craignait de blesser le monsieur si étrange,
ignorant à quelle supériorité il avait affaire.

Je ne saurais faire comprendre à quel point il était
étrange, en effet, et combien peu une nature comme
celle de Roger devait le deviner à première vue.

Barbey d'Aurevilly avait été conduit, chez la marquise, par un jeune professeur qui donnait des leçons
à ses enfants et qui mourut de la poitrine après de
longues souffrances. Le futur homme de lettres le
soigna assidûment et venait donner de ses nouvelles

(1) Je ne tiens pas beaucoup, même pour l'esprit de
Roger de Beauvoir, à la plaisanterie sur mon nom,
d'autant plus que cette plaisanterie est à côté.

Je suis Barbey (poisson) et non Barbet (chien). Je
porte *d'azur à deux barbeaux ou barbeys* (en patois
normand), *écaillez d'argent* [armes parlantes, comme
celles des Cisterne (Mme Dash), je crois, — *cisterna, citerne, au chef de gueules, à trois besans d'or*[1]]. (*Note
de Barbey d'Aurevilly.*)

1. Barbey d'Aurevilly a voulu dire ou aurait dû dire : « Cisterna : citerne de sable, maçonnée d'argent, portant une étoile
d'or en cœur. »
Je ne sais ce que veulent dire les *trois besans d'or*, qui n'ont
jamais existé dans les armes de la comtesse Dash. — Je donne
plus haut les véritables armes. — *Note de M. R. de Cisternes.*

chez ses élèves et, bientôt, l'esprit de Mme de V... et le sien s'accrochèrent, ils se plurent infiniment ; Barbey trouvait chez elle ce qui lui manquait dans un pays où il arrivait à peine : une intimité de bonne compagnie.

Il devint alors un habitué de la maison, où on le voyait presque chaque jour.

Il a pu changer physiquement depuis ce temps-là, je ne sais même s'il n'a pas gagné. C'était le même regard et le même nez en bec d'aigle, la même moustache panachée, le même teint pâle, les mêmes cheveux noirs ; sa bouche, le trait défectueux de son visage, est mieux qu'elle n'était alors, ses dents se sont rangées.

Il avait la même taille de guêpe, un peu plus mince seulement, les mêmes allures, mais comme c'était encore à la mode, cela ne paraissait pas comme aujourd'hui. Beaucoup d'hommes étaient aussi serrés, aussi pincés que lui ; son chapeau, néanmoins, était excentrique ; il avait la même forme que celui d'à-présent. Il le posait également sur l'oreille ; il me semble que je le vois encore.

Ce n'est ni un bel homme ni un joli garçon. C'est une personnalité, c'est un être tout à fait à part qui ne ressemble à qui que ce soit. Il est naturellement affecté. Ceci a l'air d'une dissonance, et pourtant c'est un fait. Quand il est sorti du corps de sa mère, il a dû faire une grimace, pousser un cri qui ne ressemblait pas aux nôtres.

C'est un original ; il ne pose pas, comme on le croit. Dans ses moments d'abandon de la plus intime amitié, si on ne le connaissait pas, on croirait qu'il joue la comédie.

Pas du tout, c'est sa nature.

Il entre chez son frère, chez son père ; il leur dit : « Bonjour, comment vous portez-vous ? » d'un ton qui frise la déclamation. C'est le sien. Il n'en a pas eu d'autre sur les bancs de l-école. Je ne prétends pas

dire qu'il soit exempt de prétentions : il en a de nombreuses, au contraire ; je n'en connais qu'une qui ne
soit pas amplement justifiée, celle de se regarder sou
vent au miroir comme s'il croyait y voir le visage
d'Apollon. A cela près, il ne réclame que ce qui lui
appartient.

A l'époque où je le connus, il n'était pas plus
simple ; il avait vingt ans à peine, mais son intelli-
geance était mûre comme s'il en eût eu cinquante ; il
avait l'imagination et les passions vives, la tête était
un volcan qui, tout à coup, éteignait ses flammes à
l'ordre de la volonté.

Il ne pouvait manquer de devenir amoureux de la
marquise ; sa beauté splendide, le génie de son
esprit, son caractère même devaient le séduire. Ce fut
plutôt une passion d'esprit que de cœur ; ce fut une
lutte, un combat à armes égales ; chacun y apportait
son habileté consommée. Elle avait l'expérience et
l'adresse ; il avait la fougue de la jeunesse contenue
par un orgueil de Satan. Il ne ployait pas ; elle ne
cédait pas un pouce de terrain dans son affection :
de cette stratégie est née la charmante nouvelle
écrite par le héros, qu'il a intitulée : *L'Amour impossible*.

Bien impossible, en effet, car il ne put jamais
éclore. Ils passèrent des années à se taquiner, à
s'écrire, à s'attaquer, à se défendre, ayant chacun un
but différent.

Elle voulait le réduire, le forcer à l'aimer comme
elle prétendait l'être, sans la moindre intention de le
récompenser jamais de ses sacrifices.

Lui, désirant vivement l'attendrir, mais très décidé
à ne pas courber la tête et à dompter cette reine
altière, accoutumée à ne voir autour d'elle que des
esclaves.

Il était difficile de se rencontrer en prenant chacun
une route opposée.

Cette petite guerre finit comme tout finit en ce

monde. C'est bien le cas d'appliquer la devise : *Tout passe, tout casse, tout lasse.*

C'est la seule fois de sa vie peut-être qu'il se soit attaqué à une très belle personne. Il se fit un type de divinité et n'en sortit plus.

Il fut aimé d'une femme remarquable sous tous les rapports, et ne lui rendit jamais ce qu'elle lui donna. C'est un des reproches qu'il devra se faire, en récapitulant sa jeunesse, et en mettant le mot *fin* à la table.

La beauté, pour lui, c'était la laideur intelligente et passionnée : ainsi les yeux enfoncés, les joues saillantes, le nez camard, la bouche grande, les cheveux crépus et noirs, la peau brune lui semblaient préférables aux profils les plus grecs, aux teints de lis et de roses. Il ne s'en cachait pas.

Je ne sais où il rencontra l'idéal de cette *perfection* (1) dont il a fait sa *Vellini*, de *la Vieille Maîtresse*. Je n'ai jamais vu cette Vénus camarde, mais je sais qu'elle demeurait place de la Madeleine, qu'elle le tint cinq ans sous un joug de fer et qu'elle parvint à le fixer, non pas sans révoltes de sa part; pourtant, il y revenait toujours. Il pleuvait, dans leur nid, autant de coups de bec que de baisers. C'eût été l'enfer pour un autre; ce fut pour lui le paradis, jusqu'à ce que la femme, lassée d'une pareille existence, lui céda la place et s'en alla.

Pendant toute cette période, d'Aurevilly fut mort pour ses amis; il disparut, on ignora son adresse. On le demanda't à tous les échos; nul ne répondait : à peine si son nom apparaissait de loin en loin dans

---

(1) La *Vellini* est faite non pas d'une femme, mais de deux femmes qui se ressemblaient.

Elles ont toutes deux posé dans ma pensée, qui les a fondues.

Mais une seule a été, *en fait*, *Vellini*. *(Note de Barbey d'Aurevilly.)*

un journal. Il travaillait pourtant dans l'intervalle de ses crises, quelquefois au milieu de la crise elle-même. Il avait alors des élans admirables, des larmes dans sa plume, une sorte de rage et de frénésie qui l'abandonnait dans la quiétude.

Je n'ai pas su le nom de cette virago, de cette tigresse ; il n'en a plus parlé. L'autre amour vint ensuite, celui qui fut si noble et si vrai et qui le rendit ingrat. La femme dont il est ici question était belle et charmante, supérieure en tout ; elle n'eut qu'un seul tort, elle l'aima trop, elle fut trop au-devant de ses désirs et de ses fantaisies. Elle lui fit un chemin de roses, en gardant pour elle les épines ; il la trouva fade et monotone et s'en fatigua.

Une autre créature, laide, grognon, le brutalisa, le traita de Turc à Maure : c'était celle-là qu'il enviait, justement parce qu'elle ne voulait point de lui. Il l'appelait son *monstre* et nous faisait des dithyrambes sur ses défauts, dont il était transporté. Nous avions souvent des querelles ensemble à ce sujet. Je voulais le renvoyer à l'autre ; il s'obstinait après celle-là, qui l'aurait volontiers mordu. Jamais on ne vit entêtement pareil, et cela dura plusieurs années ainsi.

Ses sentiments avaient sur lui une influence singulière, non pas à cause de celle pour qui il les éprouvait, mais pour eux-mêmes. Il s'inspirait d'eux, et la femme n'était qu'un prétexte ; je ne sais si je me fais comprendre. Jupiter eut la fantaisie de mettre au monde un enfant, sans autre secours que sa puissance et sa volonté ; il supprima la mère et produisit Vulcain, — il aurait pu mieux faire pendant qu'il y était. — D'Aurevilly traitait ainsi l'amour, et l'amour le dominait assez néanmoins pour le forcer à suivre son impulsion.

Chez lui, la pensée est plus forte que tout.

Son premier mouvement aurait pu le pousser vers des entraînements et des folies ; il se croyait véritablement capable de tous les dévouements et de toutes les extravagances, au moment où sa nature stimulée par quelques obstacles ou même, rarement, par un accès de délire dans le bonheur, lui inspirait des élans magnifiques.

Mais la pensée assombrissait son front, son doigt de marbre l'arrêtait sur-le-champ et sa voix lui disait :

— Tu n'iras pas plus loin.

Il s'arrêtait. Quelquefois même, il riait de son enthousiasme et se serait volontiers moqué de lui-même, ce qui ne l'empêchait pas d'être amoureux, tant qu'il n'avait pas fait le tour de l'objet aimé, tant qu'un petit coin de son cœur ou de son intelligence lui était inexpliqué, inconnu.

Pour l'assouvir complètement il eût fallu une réunion de qualités et de défauts qui n'ont guère l'habitude de se rencontrer ensemble. Il eût fallu son type favori, idéalisé, poétisé, devenu élégant et noble.

Comme Louis XIV, blasé par tant d'amours diverses, il se serait laissé prendre par une Mme de Maintenon, sage, raisonnable, passionnée néanmoins, lorsque la sagesse et la raison s'endormaient, lui ouvrant un coin du ciel dont elle lui aurait laissé savourer les délices et le refermant, subitement, au réveil de ses anges gardiens.

Une maîtresse telle que la célèbre marquise, posant le crucifix entre son amant et elle, pour se défendre de ses transports, prenant son confesseur pour confident et ramenant le superbe un peu attiédi envers le catholicisme, au pied des autels où l'attendait la miséricorde divine ; une telle femme eût été toute-puissante sur cette âme emportée, inquiète, que l'infini attire et que les mesquineries de ce monde repoussent.

Elle lui eût fait signer son édit de Nantes, et seule elle aurait pu fixer peut-être un homme dont l'organisation est toute en dehors de la vie commune.

Une pointe de mysticisme et de dévotion eût été

nécessaire; il eût accepté volontiers Dieu pour rival : encore lui eût-il fait des conventions, peut-être. Il y a en lui beaucoup du génie révolté.

Où trouver une pareille femme? Elle n'existe pas, sans doute. Toutefois, à moins de ce modèle, toutes les autres perdront leur temps, émousseront leurs dents contre cet acier que la rouille même n'attaquera pas; on ne lui laissera pas le temps de se former.

CHAPITRE II

En dehors des femmes, d'Aurevilly n'eut d'autre passion que l'étude et le travail. Il alla quelque peu dans le monde, à une certaine époque de sa vie, mais il s'en lassa bien vite et n'y reparut plus que par accidents.

Il aime l'intimité, il aime un dîner dont les convives lui plaisent et où l'esprit peut se placer les coudes sur la table; alors il est étincelant. C'est pour moi la conversation la plus complète que je connaisse, parce qu'elle a toutes les faces possibles. Il sera savant avec les savants. Sa tête est une bibliothèque. Il discutera avec deux amis de toutes pièces, glacé s'ils sont froids, exalté s'ils s'emportent : sa logique est invincible quand il se donne la peine de la motiver.

Il a des mots, il a du trait, il est drôle jusqu'à l'extravagance; il est satirique à emporter la pièce, et se moque des gens avec une désinvolture qui les empêche de s'en fâcher. Ils ne se figurent point qu'on puisse garder un pareil sourire, mais si franchement bonhomme en face d'une couche d'épigrammes. Ces gens-là ne regardent pas les yeux.

D'Aurevilly a des mélancolies qui le rendent sauvage; il se renferme, il fuit ses meilleurs amis, il pense et il souffre. Qu'a-t-il? Lui seul le sait. Après ces accès, il lui reste des nuages, non pas sur l'esprit, mais sur le mauvais côté de son être. Il est meilleur, il est presque indulgent. S'il emporte le morceau par une malice, il consent volontiers à y faire une reprise. Une causerie avec lui est alors infiniment agréable. Ce sont des moments de trêve dont ses ennemis même peuvent profiter.

Bien qu'il ait mené la vie de bohème (1), il n'en a pas les instincts. L'élégance, — à sa manière — le confort lui sont indispensables, et ces privations-là

---

(1) Si vous voulez me faire plaisir, vous supprimerez l'anecdote d'Azile. Elle est gaie, mais elle sent la bohème moderne et, vous l'avez dit, je n'ai jamais été bohème, même aux durs temps de la pauvreté. Vous qui avez un ton charmant de femme comme il faut, dans vos *Mémoires*, n'y mettez pas une anecdote, digne du *Figaro* de Villemessant. J'ai connu trop de bohèmes pour ne pas en avoir l'horreur et le mépris. Même l'esprit de Shéridan, s'ils l'avaient, ne me les ferait pas aimer.

Écartons de nous, c'est-à-dire, vous comme *historienne* et moi comme *historié*, l'exécrable air bohème, — une des plus grandes abjections d'une société sans feu ni lieu. (*Note de Barbey d'Aurevilly*).

Si vous voulez me faire plaisir, vous supprimerez l'anecdote d'Asile. Elle est gaie, mais elle sent la Bohême moderne & vous l'avez dit je n'ai jamais été Bohême, même aux durs temps de la pauvreté. Vous qui avez un ton charmant de femme comme il faut dans vos mémoires, n'y mettez pas une anecdote, digne du Figaro de Villemessens. J'ai connu trop de bohêmes pour ne pas en avoir l'horreur et le mépris. Même l'esprit de Shéridan, s'ils l'avaient, ne me les ferait pas aimer.

Écartons de nous, c'est à dire, vous comme historienne et moi comme historien, l'exécrable air bohême — une des plus grandes abjections d'une Société sans foi ni lieu !

eussent été pour lui les plus sensibles. Il supporta, avec une fierté d'hidalgo, les longues années d'épreuves que la ténacité de son père et son propre entêtement lui imposèrent. Il eut des moments de magnificence qui reflétèrent autour de lui et passèrent à l'état de légende.

Maintenant, qu'il est sensé et raisonnable, il ne peut s'empêcher de rire lui-même de ce temps de folies où il devait neuf mille francs à son tapissier Azile, pour un mobilier insensé, fourni quelques années auparavant, et emporté par un tourbillon, comme il était venu. Le tapissier ne se lassait pas de le relancer dans une petite chambre en garni, rue Geoffroy-Marie, et un jour il eut l'audace de lui demander un à-compte.

— Un à-compte ! s'écria l'écrivain, stupéfié, où voulez-vous que je le prenne ?

— Je n'en sais rien, mais j'en ai absolument besoin.

— Vous l'exigez ?

— Absolument, vous dis-je.

Il se leva avec cette majesté qui ne l'abandonna jamais, alla chercher toute sa défroque, vida sérieusement ses poches l'une après l'autre, en face de l'industriel qui le regardait faire, et ne comprenait pas cette exhibition de doublures où le diable dansait à l'aise. Après ces recherches minutieuses, il réunit trois francs, tant en pièces blanches qu'en gros sous, et les présentant à son créancier avec un geste d'empereur romain :

— Voilà, mon cher, dit-il comme s'il lui eût donné mille écus.

Rien ne peut rendre la physionomie de cet homme ; il n'osa ni refuser ni se plaindre, tant la forme fut pompeuse et déguisa l'indigence du fond.

Il y a des volumes à écrire sur une existence comme celle-là, sur cette lutte sans merci avec le malheur, alors que le bien-être et la tranquillité lui étaient si faciles.

— Reviens, écrivait le père, tu ne manqueras de rien.

— Je préfère manger du pain sec et rester, répondait le fils.

Cela dura des années.

D'Aurevilly n'avait pas un de ces talents qui s'escomptent, qui se produisent tout d'abord. Il ne faisait pas de romans d'aventures, il n'écrivait pas pour la foule et il sentait en lui une force qui devait, tôt ou tard, lui faire une place ; il ne s'agissait que de patience, de volonté, et il en était abondamment pourvu.

— J'arriverai, répétait-il, et une fois que j'y serai, je saurai bien m'y maintenir.

Il a tenu sa parole.

Pendant ses longues épreuves, il a touché à tous les genres, surtout au genre sérieux. Ses romans sont de sa seconde manière. Il fit d'abord des nouvelles toutes marquées d'un cachet particulier, et différentes néanmoins. Il osait déjà beaucoup. Il en est une : *la Partie de whist*, qui fut publiée dans *la Mode*, et qui fit jeter les hauts cris aux routiniers. Il y avait pourtant, dans ce récit, une terreur profonde, une étude qui rappelait Balzac, avec un style plus haut, plus imagé, plus précieux peut-être aussi.

C'était l'histoire d'une femme de province, confite en vertus jusque là, qui faisait une faute sur la fin de sa jeunesse, alors qu'elle n'avait plus ses parents. Elle accouchait d'un enfant mort. Elle et sa camériste confidente l'enterraient au fond d'une vaste jardinière, qui tenait un des côtés du salon. On plantait des fleurs dessus, et le soir les habitués venaient faire le whist, sans se douter de ce drame, dont je ne vous esquisse que quelques traits.

Il fit aussi ce joli livre intitulé *Brummel*, un chef-d'œuvre d'humour et d'élégance.

Il écrivit *les Prophètes du passé*, qui furent grandement appréciés des esprits graves et des penseurs.

Il fit une grande quantité d'articles de critique,

d'analyse et de philosophie. On y retrouve ses qualités éminentes, parmi lesquelles j'ai toujours remarqué la clarté du raisonnement, si l'expression est quelquefois pompeuse et emphatique.

Il y eut dans cette vie des hauts et des bas — pour me servir de l'expression vulgaire. — Tout glissa sur cette organisation spéciale. Il ne s'enivra pas plus des uns qu'il ne se désespéra des autres. Il lui prenait des découragements, qui le conduisaient des semaines entières à la vie contemplative. Pendant ce temps, il n'écrivait pas une ligne, il ne préparait rien, il se laissait aller sur des nuages, il montait si haut que ses ailes fatiguées se reployaient pour redescendre; il retombait alors, brusquement réveillé par la chute, sur les aspérités de ce monde qui le blessaient.

La nécessité faisait entendre sa voix; il reprenait sa plume de très mauvaise humeur et refaisait son métier, qu'il avait oublié avec délices. Je ne dis pas, remarquez-le, qu'il fit du métier, ce n'est pas la même chose.

Jamais, dans ce temps-là, d'Aurevilly n'allait au spectacle; c'est un plaisir qu'il ne comprend pas. A force d'importunités, je l'emmenai, un soir, voir Rachel, dans la *Valeria* de Jules Lacroix. Il eut beaucoup de peine à rester jusqu'à la fin et ne voulut, à aucun prix, convenir qu'il se fût amusé.

Il mangeait, dans ce temps-là, à une table qui mérite un paragraphe particulier. Je ne crois pas qu'elle ait eu sa pareille à Paris.

La chanoinesse O'Heguerty, que la chute de la monarchie faisait à peu près sans ressources, imagina de donner à manger à ceux de ses amis qui n'avaient pas de ménage et aux amis de ses amis. Ce n'était pas une table d'hôte, c'était une table de famille, où l'on n'était pas admis sans être non seulement présenté, mais recommandé et bien connu.

Elle avait loué un entresol, rue de Trévise, au coin de

la rue Richer, et pour la somme de cinquante sous (1),
on avait un dîner à deux services, une demi-bouteille
de vin compris, lequel dîner n'était pas mauvais et
représentait absolument un dîner bourgeois. C'étaient
des pots-au-feu, des aloyaux, des gigots, des fricassées
de poulets, des côtelettes, toutes choses saines et que
faisait à merveille une excellente cuisinière.

Mais ceci n'était que le matériel ; le singulier de la
table, c'étaient les convives. On ne pouvait être plus
de quatorze ou de quinze couverts. Souvent on refusait
du monde. Le pauvre Roger, avec sa facilité et sa
verve ordinaire, avait fait un petit poème sur les
habitués de cette maison. Ce poème s'appelait *Karouba*,
et l'héroïne était une très jolie femme de chambre
qui servait à table : il avait fait de tout cela quelque
chose de charmant.

La réunion était des plus curieuses et des plus acci-
dentées. On s'y amusait beaucoup, on y avait infiniment d'esprit, et on y était d'excellente compagnie,
ce qui serait difficile aujourd'hui en pareil lieu. Toutes
les femmes, et il y en avait très peu, appartenaient à
un monde d'élite. C'étaient des amies de la comtesse,
qui y venaient pour lui être utiles et afin d'y attirer
les gens de leur connaissance. Pas une personne sus-
pecte n'y pénétra jamais.

Les colonnes fondamentales étaient : Benjamin
Antier, d'Aurevilly, Roger de Beauvoir ; deux médecins dont j'ai oublié les noms ; Paul Lachèze, ce pauvre
garçon d'esprit, mort si jeune et après tant de péripéties ; Horace de Viel-Castel et plusieurs autres.

(1) Croyez-moi, donnez moins de détails matériels
sur le dîner O'Heguerty.

Pas de *cinquante sous.*

Dites cela, comme vous savez dire : Noblement et *de
haut.*

Ayez peur de la *bohème !* Crainte salutaire ! (*Note de
Barbey d'Aurevilly.*)

Les passants n'étaient pas moins connus et moins remarquables ; ces passants-là revenaient souvent parce qu'ils s'y plaisaient. C'étaient M. de Champagnac, qui fait des vers comme le chevalier de Boufflers ; le baron de Jouvenel ; le vicomte de la Guerronnière, aujourd'hui sénateur, alors directeur de la presse sous M. de Girardin ; son frère Charles, mort préfet l'année dernière, et qui avait encore ses vingt ans ; L. Couailhac, Henri de Saint-Georges, Villemessant ; que sais-je ? une foule d'autres qui ne me reviennent pas à la mémoire, sans compter beaucoup d'hommes du monde dont les ancêtres sont plus connus qu'ils ne le sont eux-mêmes.

Paul de Kock même y vint une fois avec son vieil ami M. Antier, et Henri de Kock avec son père. Bien des illustrations y ont passé, vous le voyez.

On causait, on disait des vers, on chantait, on s'y amusait beaucoup. Les extras remplissaient un peu l'escarcelle de cette pauvre maîtresse de maison, qui se donnait tant de peine pour satisfaire ses convives.

Malgré cela, la table ne put tenir ; les jours de l'infortune arrivèrent pour ce modeste établissement, comme pour les empires ; sur la fin, le peu de gens qui restèrent durent aider le ménage ; on se cotisait pour arriver à une fricassée quelconque, et ces gens intelligents, tous plus ou moins bohèmes, n'en riaient que de plus belle. On m'a parlé d'un réveillon et de boudins de Noël dont l'histoire ferait un digne pendant à l'omelette fantastique.

Hélas ! bientôt on n'eut plus même ces joies dérobées aux soirées, il fallut renverser la marmite ; on n'avait plus rien à mettre dedans ; ce fut une vraie perte pour tout ce monde qui se réunissait là et s'y plaisait.

D'Aurevilly resta fidèle jusqu'à la fin ; pour nous consoler un peu d'un mauvais dîner, il lut presque en entier *la Vieille Maîtresse*, pendant les soirées d'hiver. Le succès en fut bien grand et le public l'a ratifié depuis.

Cette *Vieille Maîtresse*, tant accusée d'immoralité, n'est qu'une page bien triste arrachée au cœur humain. Le style en est presque partout harmonieux et poétique, les descriptions de la Normandie sont faites de main de maître; on les lit avec un charme plein d'entraînement.

Depuis lors, l'étoile de l'écrivain s'est élevée sur l'horizon. Il nous a donné plusieurs ouvrages et un grand nombre d'articles dans beaucoup de journaux. Il est devenu un critique distingué et que rien n'influence; les opinions républicaines de sa jeunesse ont fondu comme les neiges d'antan. On ne peut pas dire qu'il les ait remplacées par d'autres; il s'occupe peu de politique, il est surtout catholique et ultramontain. Toutefois, il a sa nuance, qui n'est ni celle de M. Veuillot, ni celle de M. de Montalembert. Cette nuance lui est personnelle; il l'explique et la soutient avec le talent qu'on lui connaît.

Il est impitoyable dans ses appréciations. Ainsi, il a traité les *Misérables*, de Victor Hugo, avec une sévérité qui lui a valu la haine de bien des gens. Chacun a pu lire à cette époque, sur les murailles de Paris, cette inscription mille fois répétée : « D'Aurevilly idiot ! »

Il s'en est beaucoup amusé et en a bien amusé ses amis.

Ses deux derniers romans, *le Chevalier Destouches* et *le Prêtre marié*, ont été fort lus également. Le dernier a soulevé beaucoup de controverses de la part des âmes timorées; rien n'est plus orthodoxe néanmoins.

Si d'Aurevilly ne portait pas des gants rouges ou bleus, s'il n'avait pas des manchettes qui remontent jusqu'au coude et un pardessus de velours, on ne gloserait pas tant sur son compte. Les critiques dont il est l'objet retombent presque toutes sur ces détails; on sait qu'il a bec et ongles; on ne se risque pas trop à le molester, ce bec et ces ongles-là sont de trempe à ne pas se casser facilement.

Quand il a débuté, il tenait pour les Vélasquez et s'enveloppait au mois de juillet dans son manteau à l'espagnole. Et quel manteau ! il en eût fait deux.

Je me souviens d'un jour où je me promenais avec une amie et son mari sur le boulevard des Italiens. Il faisait un soleil splendide ; nous voyions de loin deux corps tout noirs qui arrivaient à nous, l'un grand et l'autre tout petit qui semblait son ombre vue en raccourcie. En approchant, nous reconnûmes d'Aurevilly, drapé dans les vastes plis de ce vêtement romantique ; à côté gravitait Francis Lacombe, un des rédacteurs de *la Mode*. Ils s'en allaient à grands pas, en vrais paladins ; des pommeaux d'épées se dessinaient sous le drap.

Nous leur demandâmes où ils couraient ainsi. M. Lacombe s'allait battre contre je ne sais qui, pour un article qu'il avait écrit dans *la Mode*, je crois, et d'Aurevilly était le témoin.

Il a toujours eu des ombres, c'est-à-dire des gens qui le suivaient et qui le copiaient, même dans sa mise. Il a fait école, non seulement de style, mais encore de modes. C'est lui qui, le premier, porta ces petites cravates et ces petits cols presque à la Colin qui laissent le cou à découvert. Il y eut de suite une douzaine de jeunes nourrissons des muses, qui adoptèrent son invention et la firent adopter à d'autres. Elle se répandit ainsi.

D'Aurevilly recevait tous les matins ses disciples ; ils assistaient à sa toilette et prenaient langue. J'en pourrais citer plusieurs qui depuis ont pris rang dans la littérature et qui alors étaient fort petits garçons, très heureux de recevoir de lui des leçons et des conseils.

La Mode, où il écrivait beaucoup, était dirigée par un de ces hommes qui, semblables à des aérolithes, viennent on ne peut dire d'où, se montrent quelques

instants, font leur trou dans la société comme l'aéro-
lithe dans la terre, et, si personne ne les ramasse, dis-
paraissent sans laisser de traces certaines.

Celui-là avait surgi tout à coup. Il s'était emparé
d'une position, sinon lucrative, au moins favorable, et
la soutenait avec un aplomb qui jetait de la poudre
aux yeux à ceux qui n'y regardaient pas de trop près.

Il avait des façons superbes, un air conquérant, et
racontait des choses mirobolantes avec un esprit très
remarquable, très amusant. Il connaissait tout le
monde, il savait les histoires de tout le genre humain.
Sa figure et sa tournure étaient fort agréables; beaucoup de femmes lui accordaient leur attention et il le
rapportait assez volontiers à la galerie.

Il se soutint plusieurs années, malgré des bruits
contradictoires sur son compte, qui ressemblaient à
des rumeurs. On s'alarmait; on le recevait fraîche-
ment; il ne s'en apercevait pas et allait toujours.

Il fut enfin obligé de vendre le journal, mais il n'en
demeura pas moins à Paris, où il fit parler de lui
dans plusieurs mondes.

Je ne sais trop ce qui se passa après, mais il
s'éclipsa.

Le reste de son aventure ressemble à une légende
et je ne la raconte que sous toutes réserves.

On prétend qu'il est revenu dans notre grande ville
habillé en moine, qu'il s'est dit chargé d'une mission
du Saint-Père et qu'il a été admirablement reçu par
tous les ecclésiastiques et par l'archevêché.

A entendre les racontars, il aurait touché beaucoup
d'argent pour des bonnes œuvres. Il aurait présidé
une splendide cérémonie à Saint-Eugène, où cinq ou
six prélats auraient assisté, où un sermon *de primo
cartello* et de la musique merveilleuse auraient attiré
un grand concours de fidèles.

Depuis lors, il n'a plus été question de lui.

D'Aurevilly est maintenant sorti des difficultés. Le
succès lui est acquis; il est attaché à plusieurs jour-

naux, où il ne cesse de tonner contre les mauvaises doctrines de tous genres.

Il est impitoyable contre les erreurs, et se plaît à dire des vérités dures. Ses fameux articles sur les académiciens ont fait un bruit retentissant. Ils ont soulevé des tempêtes ; on lui en a beaucoup voulu, mais il ne s'en inquiète guère.

Son talent est dans toute sa maturité ; il a plus d'esprit que jamais. Une des faces les moins connues de ce talent hors ligne, c'est la poésie. Il fait des vers magnifiques, et il les dit en perfection. Il n'en a imprimé aucun ; il les récite devant quelques amis à condition que l'auditoire lui convienne.

CHAPITRE III

Cette visite à Agar chez Dumas m'est restée dans la mémoire, parce que je rencontrai, ce jour-là, chez mon grand ami, un homme dont l'histoire est assez extraordinaire pour trouver place ici.

Il était là, assis au coin de la table ; je ne le remarquai pas d'abord, occupée que j'étais de ma présentation, mais j'entendis Dumas lui demander quand il pourrait le voir et écouter le récit de son existence.

Un rendez-vous fut ébauché à ce sujet. Je connais notre romancier ; je sais combien de choses se mettent à la traverse de ce qu'il veut faire et j'espérai qu'il n'aurait pas le temps d'exécuter son projet. Je m'oc-

cupais déjà des *Mémoires des autres*, je pensai qu'un
tel sujet ne pouvait m'échapper et que je devais
tâcher de me mettre en relations sinon avec lui, du
moins avec des gens de sa connaissance.

Je me rappelle qu'un de mes amis, M. Faveri,
avocat distingué, m'avait signalé cette figure comme
une de celles qui devaient le plus fixer mon attention. Il m'avait raconté des faits étonnants, des mots
d'un esprit remarquable et d'un grand cœur. Très
décidée à obtenir les documents désirés, je me mis à
examiner l'homme. Il y a souvent toute une révélation dans un regard.

Il n'est pas grand, un peu fort; son visage, par
une singulière prédestination, offre une ressemblance
frappante avec celui des anciens Egyptiens. Il a
comme eux les lèvres fortes, épaisses, et de belles
dents, de grands yeux noirs bien fendus, le nez un
peu large et la peau brune; ses cheveux sont noirs
et brillants : ils se marient parfaitement avec son
teint bistré par le soleil du Midi.

Son regard est en même temps très doux, très bon,
très intelligent et très énergique. Il a des éclairs de
finesse et de gaieté où le caractère et l'esprit méri-
dional se devinent.

Son front est large quoique un peu bas, à la
manière antique, ce qui, par extraordinaire, ne lui
ôte rien de son expression. Ses traits n'offrent pas de
régularité et, cependant, il ne saurait passer inaperçu;
il y a en lui quelque chose qui frappe et qui surprend.

Cet homme est M. Bravay[1], dont on a tant parlé
l'année dernière, à cause de la lutte qu'il a soutenue

---

1. Bravay, à son retour d'Égypte, revint à Pont-Saint-Esprit
où il devint conseiller général. En 1863, il fut élu député au
Corps législatif, par la deuxième circonscription du Gard, par
14,116 voix sur 21,956 votants. Son élection, annulée deux
fois de suite par la Chambre, dut être validée à une troisième
élection, en 1865.

pour son élection, et à cause du courage qu'il a déployé pendant l'épidémie en Egypte.

François Bravay est né au Pont-Saint-Esprit en 1817. Sa famille était dans le commerce des fers ; son père mourut alors qu'il avait cinq ou six ans et sa mère, femme de résolution, se trouvant veuve avec plusieurs enfants, continua la maison ; les affaires prospéraient, lorsque la faillite d'un banquier apporta la ruine dans ce logis où le travail avait introduit l'aisance.

On sait ce que sont dans une petite ville ces cataclysmes, qui frappent indifféremment sur tous, mais surtout sur le commerce. Cela devient une désolation générale, et cinquante fortunes croulent à la suite de celle qui les alimente par le crédit.

François avait été mis au collège. Il en fut retiré avant la fin de son éducation et, quand arriva le malheur de sa mère, il la suivit à Paris où elle avait résolu de fixer son séjour.

Il avait alors dix-huit ou vingt ans.

Ils étaient trois frères ; l'aîné fonda une fabrique d'eaux gazeuses, et s'était marié depuis peu, jouissant d'une certaine aisance.

Les deux autres entrèrent chez un négociant en vins.

Parmi les amis du jeune Bravay, il s'en trouvait un, Charles Chaillan, qu'il préférait aux autres et avec qui il s'entendait à merveille. Tous les deux rêvaient la fortune en battant le pavé de Paris, tous les deux enrageaient de ne pas la rencontrer sous leurs pas et s'inspiraient chaque soir avec le même refrain :

— Nous ne ferons jamais rien ici !...

Un jour qu'ils avaient beaucoup marché et beaucoup déploré, je ne sais lequel des deux eut une magnifique inspiration et parla de l'Egypte.

— C'est un pays neuf, dit-il ; avec de la volonté,

de l'intelligence et du courage, on y gagnerait des trésors.

— Allons-y.

— Mais comment? Avec quoi?

— Nous y vendrons du vin, nous aurons du crédit ici chez les marchands qui nous connaissent; on nous paiera comptant là-bas; de cette façon, nous serons sûrs de ne pas perdre, et nous ferons peut-être des affaires considérables. Essayons.

— Eh bien, partons...

— Partons!

Ils partirent en effet et sans prévenir personne, ayant peur qu'on les détournât. Comme ils faisaient de fréquents voyages pour leurs patrons, on ne conçut pas le moindre soupçon sur leur absence : ils eurent le temps d'arriver à Alexandrie, d'y prendre leur position avant qu'on se doutât même qu'ils avaient quitté la France. Le début ne fut pas brillant : ils ne trouvèrent pas cette fameuse pie au nid, que l'on croit toujours voir de loin, sans avoir la peine de la dénicher; c'est une illusion commune à tous ceux qui commencent. Mais l'oiseau s'envole au moment où l'on va le saisir, et l'on reste les yeux en l'air à le regarder dans l'espace; encore si on pouvait le suivre.

C'est l'image fidèle des espérances de bien des gens, en pareil cas surtout.

Leurs châteaux en Afrique s'écroulaient un à un. Nos jeunes aventureux avaient la tête basse; avant de renoncer à la partie, ils se décidèrent à jouer un dernier va-tout, à solliciter un nouvel envoi; ils avaient fait des connaissances, et ils comptaient à peu près sûrement pouvoir écouler leurs marchandises d'une façon avantageuse.

Ils écrivirent donc et ils attendirent impatiemment la lettre qui leur annoncerait la réalisation de leurs souhaits.

Après le délai expiré, ils se rendirent à la poste : la réponse y était bien, mais il fallait cinq francs pour la retirer, et cinq francs étaient de beaucoup au-dessus de leurs moyens.

Comment faire ?

Ce maudit papier qu'on refusait de leur livrer contenait probablement les bases d'un avenir doré ; il n'eût pas été si lourd, s'il n'eût renfermé qu'un non tout sec.

— Et faute de cinq francs, nous allons passer à côté du bonheur !... s'écrièrent-ils.

Il faisait chaud, ils avaient soif. Ils entrèrent dans un café, se placèrent à une petite table tout en continuant de déplorer leur sort en patois provençal, idiome que personne ne comprenait autour d'eux, croyaient-ils. Rien ne rend éloquent comme la déception et la misère. Ces natures méridionales surtout sont expansives ; elles ont un feu, un brio qui étonne et qui intéresse. Il est rare que la gaieté leur fasse défaut et elles sont drôles et spirituelles jusque dans leur désespoir.

Ceux-là étaient de braves jeunes gens remplis de probité, de bon vouloir ; il ne leur fallait qu'un peu d'aide et ils arriveraient. Combien il était cruel d'échouer au port !...

Ils réunirent leur monnaie pour payer. Ils s'en allaient fort tristement chercher ailleurs des inspirations, lorsque le garçon les avertit qu'un monsieur désirait leur parler dans la pièce voisine.

La peur les prit. Quand on est malheureux, on a peur de tout.

— Ah ! mon Dieu, qu'y a-t-il encore ? se demandèrent-ils.

Ils furent sur le point de décliner l'invitation, dans la crainte de quelque nouvelle tuile.

— Je ne vois pourtant pas ce que nous avons à perdre, dit l'un deux, allons-y.

Ils se risquèrent en effet et firent bien.

Un ange leur apparut sous la figure d'un apothicaire de Montélimart, petite ville de Provence, la même qui avoisine le château de Grignan et dont il est tant parlé dans les lettres de Mme de Sévigné. Je ne puis m'empêcher de garder rancune aux habitants de ce pays. Quand on pense que, pendant la Révolution, ils ont été assez vandales, pour profaner le tombeau de l'immortelle marquise et pour jeter ses cendres au vent!...

Je vous demande ce que cette adorable femme avait de commun avec la politique et avec les fameux principes de 89!

Mais, revenons à notre apothicaire.

Il comprenait comme de raison le provençal. Placé à côté d'eux, il avait entendu leur conversation, et ne voulait pas abandonner ses compatriotes dans l'infortune. Il n'était pas riche, mais il pouvait leur prêter vingt francs, qui leur permettraient de retirer leur lettre et de manger pendant quelques jours, très modestement, bien entendu.

Ce fut la manne dans le désert; ils en sautèrent de joie et coururent à la poste.

La lettre contenait, en effet, l'annonce des marchandises demandées. Elles arrivèrent bientôt après. Ils les livrèrent et commencèrent de ce moment à vivre avec un peu moins de peine.

Cependant, ils ne roulaient point sur l'or; ce n'était pas le Pactole rêvé; pour agrandir leurs opérations il leur eût fallu environ vingt mille francs. Ils avaient beau faire, ils ne trouvaient nulle part le pendant de l'apothicaire, établi sur une plus grande échelle.

Le hasard les servit encore une fois.

Un de leurs commettants parla d'eux au ministre des finances du vieux roi; il se trouvait disposé à devenir un de leurs clients et il fit dès l'abord de bonnes conditions avec eux. Ils connaissaient leur Egypte, et leur désir était bien plus de faire apprécier cette nouvelle relation que de l'exploiter.

Après avoir causé avec le ministre. qui fut enchanté d'eux, ils s'arrangèrent de façon à se faire bien venir de lui. Il allait sortir. Il les invita à le suivre, et les fit asseoir dans sa voiture, en face de tous les curieux.

Ils parcoururent toute la ville ainsi. Le lendemain, des offres leur arrivaient de toutes parts : ils auraient trouvé deux cent mille francs s'.ls les avaient voulu.

Dans ce pays-là, paraît-il, la faveur est un capital.

Depuis ce moment, les affaires de M. Bravay commencèrent à prospérer un peu, sans être néanmoins excessivement brillantes. Il étendit son commerce de vins, s'occupa d'une spéculation nouvelle en Egypte et, par conséquent, douteuse encore, c'est-à-dire celle des terrains. La fièvre de la bâtisse n'avait pas passé de Paris dans les provinces et n'avait pas, à plus forte raison, franchi la Méditerranée. Les gens intelligents prévoyaient qu'elle viendrait et prenaient leurs mesures en conséquence.

Aussitôt que M. Bravay eut ramassé de quoi faire marcher sa maison, il pensa à ce qu'il avait laissé derrière lui et fit un voyage en France; il voulait aider sa famille et réhabiliter le passé. Pour cela il fallait payer toutes les dettes et n'en laisser aucune en arrière. Bien qu'il fût presque un enfant quand le malheur arriva, il ne se regardait pas moins comme solidaire, la maison sociale étant : *Veuve Bravay et fils*.

Il arriva à Pont-Saint-Esprit les poches pleines et fit savoir qu'il apportait la somme nécessaire pour satisfaire tous les créanciers, intérêts et capital.

Une telle aubaine est rare ; aussi personne ne manqua à l'appel, j'entends encore de ceux à qui la communication fut transmise; ils furent satisfaits plus que largement. On juge combien ce jeune honnête homme fut béni; on le porta aux nues. De là date certainement sa popularité dans son pays. On lui sut gré d'abord d'avoir de l'argent, puis d'en faire un si bon usage. Il ne trouva que des amis, on le pressa avec enthousiasme; c'était justice, mais s'il eût été pauvre, il ne l'eût pas obtenue.

Tout fut payé, excepté une créance de trois mille francs dont on ne pouvait découvrir le titulaire. Réduit à une misère complète, le créancier avait quitté le pays, nul ne savait ce qu'il était devenu.

M. Bravay ne se paya pas de cette impossibilité ; il chercha et fit chercher, tant et si bien qu'on parvint à lui donner l'adresse désirée ; il se rendit près de cet homme et le trouva au lit. Quand il se nomma, il fut reçu presque avec des malédictions.

— Donnez-moi les papiers concernant cette affaire, reprit-il sans s'inquiéter d'une colère qu'il allait calmer.

— Je ne sais où ils sont, je ne m'en inquiète pas, je les ai assez montrés pour ce qu'ils m'ont rapporté.

— Mais cette fois, c'est la bonne ; je viens tout payer : intérêts, frais, capital et les intérêts des intérêts.

— Est-il bien possible?

L'homme faillit en mourir de joie après être presque mort de chagrin. Tout fut payé, en effet, et la créance se trouva presque doublée ; le fils pieux et généreux fut exalté et, quand il retourna en Egypte, les vœux et les bénédictions l'accompagnèrent.

Peu après son retour, arriva l'événement qui devint pour ainsi dire la base de sa fortune en le faisant connaître et en le mettant en évidence.

Un Français fut insulté par un Anglais à Alexandrie. Dans ce pays-là, chaque nation a sa justice, composée de ses nationaux, et tout le monde peut plaider ; il n'est pas nécessaire d'être avocat. Le Français qui connaissait Bravay et son esprit le chargea de sa cause. Ils s'en allèrent donc devant le tribunal présidé par un nommé Galway.

Rien de moins sympathique comme manière d'être et de parler qu'un Anglais méthodiste, en bourgeois, avec un Provençal étincelant de verve. Dans le plaidoyer de l'avocat improvisé, se trouvaient quelques phrases qui furent mal interprétées par l'insulaire empesé. Il les releva d'une façon tellement blessante, que la tête chaude d'un enfant du Midi ne pouvait respecter en lui un personnage officiel.

La riposte fut violente; elle attira de nouvelles remontrances et fut suivie d'une rude improvisation qui ferma la bouche de l'Anglais et le désarma. Il eut une si grande peur de son adversaire qu'il se cacha. M. Bravay avait déclaré, il est vrai, que partout où il le trouverait, il le rouerait de coups. Il eut beau le chercher, il ne le vit pas avant un long séjour écoulé. Sa colère était calmée.

Alexandrie est une très petite ville; cet incident occupa tout le monde et l'opinion générale fut pour M. Bravay. On commença à parler de lui, de son caractère, de son intelligence, on apprit à le connaître et à l'apprécier.

A quelque temps de là, il fit un voyage à Constantinople. Dans le même bateau que lui se trouvait Saïd Pacha, fils de Méhémet-Ali, le grand pacha, le fondateur de la dynastie.

Il ne régnait pas encore : c'était Abbas-Pacha, également fils de Méhémet-Ali, lequel avait succédé à son frère aîné Ibrahim qui, pour le malheur de l'Egypte, ne resta sur le trône que cinquante-trois jours.

Abbas, au contraire, était un composé de tous les vices. Cette malheureuse contrée eut terriblement à souffrir sous sa domination.

Saïd avait une bonne nature; ses défauts étaient ceux que sa position et son éducation devaient lui donner. Il ne souffrait pas une contrariété, il *voulait* avec une impétuosité qui ne lui laissait pas le temps de réfléchir.

Il n'était pas cruel et ne fit sciemment de mal à personne; s'il eut quelques mauvaises actions à se reprocher, ce n'est que dans les moments où il n'était pas maître de lui-même; il s'en repentait après. Ses intentions étaient droites. Il désirait introduire la civilisation parmi ses sujets, et s'entourait d'Européens, sans être très difficile dans ses choix. Par un bon mot, on eût obtenu de lui toutes choses ; très spirituel, lui-même, il comprenait l'esprit des autres et en jouissait.

Excellent pour tous les siens, serviable, généreux comme l'or, il jetait ses trésors sans compter et ne faisait guère que des ingrats.

Abbas avait détruit les améliorations introduites par Méhémet et par Ibrahim ; il les rétablit, il essaya de les perfectionner. Il fut très paternel pour la marine et pour l'armée ; il rouvrit les écoles militaires, celle de médecine ; il fit payer ceux à qui l'État devait un solde, du moins pendant quelque temps ; plus tard, il dépensa tant d'argent lui-même qu'il n'en resta plus pour les autres.

Il n'avait pas été élevé suivant nos idées ; on lui avait inspiré un profond dédain pour tout ce qui vivait sous sa domination. Il s'apercevait très bien qu'on l'exploitait ; il laissait faire, mais il rendait en mépris ce qu'il perdait en libéralités.

Malheureusement, il eut des mœurs déplorables et paralysa ses excellentes qualités. Mieux instruit, mieux entouré, il eût fait un grand souverain et ne serait probablement pas mort si jeune.

Le peuple l'aima quand il l'eut pour maître ; à l'époque où nous sommes parvenus, il fondait sur lui ses espérances, afin d'être débarrassé de son tyran.

En Orient, la couronne ne va pas en ligne directe : c'est toujours le plus âgé de la famille qui succède. Ainsi Abbas avait un fils, mais c'était son frère Saïd qui devait monter après lui sur le trône.

Cet ordre de succession n'est pas le nôtre ; la façon de traiter l'héritier direct n'est pas la même non plus. Là-bas, il est épié, suspecté, éloigné de tout, absolument à la façon de Louis XI ; il n'est pas d'étranger qui ne soit mieux placé dans un pays qu'il traverse que ne le sont les frères, les oncles des sultans et des vice-rois.

Autrefois, on les tuait fort souvent; on n'a pas d'idée du nombre de crimes connus et inconnus qui se commettent dans les harems princiers. Le récit en ferait dresser les cheveux sur les jolies têtes de nos Françaises, peu accoutumées à de pareilles horreurs.

CHAPITRE IV

Saïd-Pacha se rendait donc à Constantinople avec sa suite. M. Bravay s'y rendait également pour les affaires de son commerce. Le prince se promenait sur le pont et le remarqua. Il demanda son nom ; on lui répondit que c'était un Français, M. Bravay.

— Ah! reprit-il, celui qui a si bien mené Galway!
C'est un homme d'esprit, qu'on me le présente.

L'ordre fut exécuté.

M. Bravay ne se déconcerta pas. Il savait à qui il
avait affaire.

— Altesse, dit-il, c'est pour moi un grand bonheur
que de pouvoir contempler de près un des rayons du
soleil de Mehemet-Ali.

Ce compliment à l'orientale plut infiniment au jeune
prince. Il répondit gracieusement que depuis longtemps il désirait le connaître, et il se mit à causer.

M. Bravay a beaucoup d'esprit argent comptant.
Saïd n'en rencontrait pas souvent de cette trempe; il
était tout à fait propre à le comprendre et, presque
tout de suite, il s'engoua de ce nouveau venu, au point
d'en faire bientôt son ami.

A dater de ce jour, et de retour en Egypte, des relations régulières s'établirent entre eux.

Une des habitudes des princes dans ce pays, c'est
de donner des commissions aux Européens qui les
approchent, consuls et autres. Ils ont envie de tout
et ne trouvent rien de ce qu'ils désirent autour d'eux,
en fait d'objets de luxe ou de nécessité en dehors de
leurs traditions. Leurs fantaisies ne connaissent ni
frein ni limites, surtout celles de Saïd-Pacha. Essentiellement généreux et prodigue, il ne calculait jamais,
donnait à tort et à travers et, n'importe quel fût le
prix de ce qu'il souhaitait, il voulait qu'on le lui
trouvât.

Un de ses caprices consistait à changer sans cesse
de place; les gens de sa maison exécutaient des évo-
lutions continuelles. Il donnait le matin l'ordre de
préparer un de ses palais pour le recevoir. On envoyait
vite les cuisiniers et les vivres; deux heures après il
lui arrivait une autre idée et, plus vite encore, il fallait
les faire revenir, eux et leurs fricassées, trop heureux
si on ne leur imposait pas un troisième voyage.

La position d'ami d'un pareil prince n'était donc

pas une sinécure. Il fallait bien de l'esprit et bien de la loyauté pour s'en tirer à son avantage, honorablement. C'est ce que fit M. Bravay. Tous ceux qui l'ont connu en Egypte lui ont rendu pleine et entière justice.

Sur ces entrefaites, Abbas-Pacha fut assassiné par les ordres de sa sœur Naslé Stanen, une princesse légendaire, une Marguerite de Bourgogne sauvage dont on ferait facilement une héroïne de roman épouvantable. On peut lire son histoire détaillée dans le très remarquable ouvrage de Mme Olympe Audouard sur l'Egypte.

Il avait voulu réprimer les débauches de la princesse, et l'avait forcée à fuir, à se réfugier à Constantinople. Elle ne lui pardonna pas, et envoya deux esclaves qui le tuèrent.

Saïd-Pacha monta sur le trône. Dès lors, M. Bravay devint tout puissant; il avait déjà commencé—je l'ai dit—la spéculation des terrains. L'Egypte étant administrée par un prince éclairé en intelligence, qui favorisait le progrès, la civilisation devait développer des besoins nouveaux et ouvrir des débouchés inconnus à l'industrie. Il ne fallait pour cela qu'une impulsion habile. M. Bravay la donna.

Excessivement patriote, le premier acte de sa faveur fut de tourner les inclinations du Pacha vers la France. Les enfants de Mehemet se rappelaient du reste l'appui que nous leur avions prêté, lorsque toute l'Europe était contre l'Egypte.

M. Bravay se fit une obligation de tourner, à l'avantage de la France, le crédit qu'il possédait. Il devint le protecteur de ses compatriotes, leur appui; il les encouragea, les aida de sa bourse et de ses démarches et obtint des résultats inespérés.

Lorsqu'il commença à s'occuper des affaires, il y avait à Alexandrie quinze cents Français. Il y en a aujourd'hui vingt mille.

Il se fait en Europe, pour le compte de l'Egypte,

environ quarante millions de commandes. En 1847, la France y entrait pour deux millions à peu près, l'Angleterre et les autres nations pour trente-huit.

A présent, les chiffres sont retournés : la France à elle seule y est pour trente-huit millions et les autres pour deux.

Ceci n'a pas besoin de commentaires.

On comprend facilement qu'en s'occupant du bien-être des autres et de la prospérité du pays, M. Bravay acquit une position hors ligne. Le Pacha ne pouvait se passer de lui et le consultait sur toutes choses. Il n'usa de son influence que pour le bien et pour entraîner le vice-roi dans la voie où il devait marcher.

Quand il s'agit de l'isthme de Suez, cette magnifique entreprise qui transmettra à la postérité la plus reculée le nom de M. de Lesseps, M. Bravay représenta à Saïd la nécessité de la soutenir. Lui seul put le décider à souscrire pour la moitié des actions émises, c'est-à-dire pour quatre-vingt-dix millions.

Ils devaient souvent user de ruse, car rien n'est difficile à déraciner comme les préjugés des ignorants ; il est impossible d'y réussir en les heurtant de front.

Il y avait une fois une mesure à prendre et, pour la faire passer plus facilement, ils convinrent que Bravay serait en disgrâce simulée ; de cette façon ses ennemis ne la croiraient pas inspirée par lui, et ils n'y seraient pas si contraires.

Cette froideur apparente durait déjà depuis plus de deux mois. La comédie avait réussi. On avait accepté la réforme, dans la conviction que le Français n'y était pour rien, et il s'apercevait facilement du changement apporté par cette croyance dans la manière d'être des courtisans envers lui.

Un matin, il se rendit au palais à l'heure des audiences et trouva les salles d'attente pleines de monde. Il aborda plusieurs groupes où l'on se tut à son approche ; quelques-uns même se dispersèrent. On le traitait comme un pestiféré.

Ses cigares passaient pour les meilleurs de tous ; il en prenait plein ses poches et n'en avait jamais assez pour tous ceux qui lui en demandaient. Ce jour-là, il fit le tour du cercle et ne trouva pas le placement d'un de ses excellents panatellas. Il riait en lui-même de ces démonstrations hostiles, et se proposait une revanche brillante qui ne pouvait lui manquer.

L'heure de l'audience sonna. Le Pacha commença à recevoir et tous s'attendaient à jouir de l'humiliation du favori, lorsque la porte restant ouverte, Son Altesse aperçut M. Bravay dans la foule, attendant son tour, confondu avec tous. Il se mit à rire — Saïd était fort gai — et l'appela.

— Ah ! ma foi, dit-il, la plaisanterie dure depuis assez longtemps. Venez donc ici et qu'il n'en soit plus question, cela m'ennuie.

M. Bravay entra. On ferma les portes. Ils restèrent seuls, et se moquèrent tout à leur aise des gobe-mouches qu'ils avaient mystifiés. A la fin de l'audience la foule attendait encore ; les mains se tendirent vers lui. Il entendit répéter de tous côtés :

— Mon cher M. Bravay, donnez-moi donc de ces excellents cigares, dont vous êtes toujours si bien pourvu.

— Mon Dieu ! Messieurs, je suis désolé, mais comme vous n'en vouliez pas aujourd'hui, je les ai distribués de l'autre côté, sans croire vous faire aucun tort.

Il y a mille anecdotes, plus curieuses les unes que les autres, dans cette vie accidentée. J'en choisirai deux ou trois seulement.

Un matin, M. Bravay était sorti à pied et s'en allait à ses affaires. Il rencontra le vice-roi, qui fit arrêter sa voiture et lui dit de monter près de lui.

— Venez, ajouta-t-il, je suis presque seul, vous me tiendrez lieu de mes courtisans, vous me flatterez.

— Altesse, rappelez-vous ce que dit La Fontaine :

> .....tout flatteur
> Vit aux dépens de celui qui l'écoute.

— Ah! par exemple, je vous en défie bien; je suis aussi las de récompenser les flatteurs que je le suis d'être flatté par eux.

— Eh bien, Altesse, nous verrons.

La conversation s'engagea gaiement. Jamais Bravay n'eut autant de saillies, et jamais le maître ne s'en amusa autant. C'est là qu'il dit ce fameux mot, tant de fois répété à propos de M. Mariette qu'il avait présenté à Saïd quelques jours avant :

— M. Mariette est un savant très habile; il vient fouiller les anciens Pharaons; combien y a t-il de gens qui fouillent les modernes!

La promenade avançait et rien n'annonçait que le fameux vers eût trouvé son application. On se dirigeait vers un quartier de la ville, où l'on exécutait des travaux, et à mesure qu'on avançait de ce côté, Bravay devenait triste et préoccupé. Sa gaieté s'était éteinte, la conversation languissait.

— Et qu'avez-vous donc? demanda le vice-roi qui s'impatientait de ce changement.

— Altesse, je n'ai rien de plus qu'à l'ordinaire; seulement, toutes les fois que je viens par ici, je suis triste.

— Et pourquoi donc?

— Parce que, lorsqu'on a fait le chemin de fer, vous m'avez chargé de vendre vos terrains et que je l'ai fait à mon détriment. Je me suis d'abord occupé des vôtres, j'ai trouvé un prix superbe et, quand j'ai voulu me défaire des miens, on n'en avait plus un besoin urgent. Ils me sont restés sur les bras, et c'est pour moi une perte considérable.

— Quoi, c'est à cause de moi, dit le Pacha, que vous avez tant d'intérêts en souffrance! Cela n'est pas juste, et je prétends vous en dédommager. Rendez-moi ces terrains, je vous les échange contre ceux de tel endroit qui sont excellents. Vous ne perdrez pas pour avoir attendu.

— Vous le voyez, Altesse, j'avais raison :

> .....tout flatteur
> Vit au dépens de celui qui l'écoute.

N'êtes-vous pas forcé d'en convenir?

M. Bravay avait fait bâtir une maison de campagne délicieuse, admirablement meublée à l'européenne, dans une situation charmante.

Dans l'intervalle de tout ceci, il avait épousé la troisième fille du consul de Hollande à Alexandrie, M. Schertz, lequel avait sept ou huit enfants. Ce n'était pas un mariage d'argent, mais un mariage de convenance et d'inclination en même temps. Mme Bravay justifie complètement le choix que son mari a fait d'elle.

Il en a maintenant trois garçons, dont un vient de naître.

L'aîné avait deux ou trois ans, tout au plus, lorsqu'un prince européen arriva en Egypte, un prince d'Orléans, je crois. Saïd ne savait où le loger pour qu'il fût à son aise et pensa à la maison de Bravay. Il lui demanda de la lui montrer.

Aussitôt qu'il l'eut vue, il déclara qu'il la trouvait tout à fait charmante et qu'il l'achetait quatorze cent mille francs, d'abord pour y loger son royal hôte, ensuite pour l'habiter lui-même quand il lui plairait.

Il n'y avait pas moyen de dire non. Le propriétaire en fut vivement contrarié. Il aimait cette villa ; il l'avait bâtie et meublée *con amore* pour lui et sa famille. Il dut en faire le sacrifice, quoique très pénible ; il s'y résigna.

Dès que le Pacha en fut possesseur, il y envoya

une foule d'objets à son usage, des magnificences orientales, entre autres deux lits en argent massif. Le visiteur y trouva tout cela, y resta quelques semaines et quitta l'Egypte. La villa fut fermée et le vice-roi n'y pensa plus.

Un jour, en causant avec M. Bravay, il lui parla de son petit garçon qui avait alors deux ou trois ans, et témoigna le désir de le voir. Le père le lui conduisit le lendemain, et l'enfant fut comblé de caresses et de bonbons. Il se montra pourtant un peu timide, dans un moment où il refusait à courir vers Saïd qui l'appelait. M. Bravay lui dit tout bas :

— Va donc, et ne sois pas désagréable ainsi pour Son Altesse. Tu avais promis d'être gentil pendant cette visite...

— Je ne veux pas aller près de lui !

— Et pourquoi ?

— Parce qu'il a pris la maison de campagne.

— Tais-toi !... Ne parle pas de cela.

— Que dit-il ? demanda le Pacha.

— Rien, Altesse... des enfantillages.

— Mais, enfin, qu'est-ce que c'est ? Je veux le savoir. Pourquoi lui imposer silence ?

Le père résista. Le Pacha insista, d'autant plus impatienté ; enfin, le propriétaire exproprié pour cause de fantaisie royale raconta ce que le petit garçon avait laissé échapper.

— Ah ! c'est comme ça, reprit le prince, viens ici...

L'enfant effrayé obéit.

— Tu prétends que tu ne m'aimes pas, parce que j'ai la maison de campagne de ta famille ! Et, si je te la rendais, à toi, m'aimerais-tu ?

— Oui.

— Eh bien, je te la rends. Elle est à toi.

— Est-il bien possible, Altesse ?

— Oui, je la lui donne avec tout ce que j'ai apporté dedans encore.

Et il en fut ainsi.

Tant que Saïd vécut, il conserva sa faveur et ne cessa d'en faire le même usage, c'est-à-dire de l'employer au bien de tous. Aussi, est-il adoré en Egypte, de ses nationaux, et même des indigènes ; ils ont été à même de reconnaître les services qu'il leur avait rendus en voyant la diminution des impôts, en obtenant du vice-roi que les exactions et les mauvais traitements ne fussent pas exercés impunément sur le peuple.

Son nom est béni chez les commerçants qu'il a tant de fois aidés de son crédit et de sa bourse. Il est aussi béni dans le département du Gard où il est né. Ses compatriotes sont fiers de voir un des leurs arrivé à une telle position, par son mérite et son honorabilité.

Il a puissamment aidé à l'exécution d'un projet qui doublera la prospérité de la ville de Nîmes. Ce projet consiste à y amener les eaux du Rhône par un canal. Longtemps avant son élection en 1863, il était alors en Egypte, M. Bravay avait versé sept cent mille francs pour cette affaire. Plus tard il souscrivit pour dix mille actions ; tout cela le rendit plus populaire encore et l'on a voulu y voir une manœuvre électorale, tandis qu'à cette époque il n'était encore question de rien de semblable.

Il avait déjà été nommé membre du conseil général. Son élection fut attaquée. L'envie commençait à jeter sa bave, mais le conseil de préfecture maintint l'élection après une enquête sévère :

« Par ces motifs qu'il ne résultait pas que la sin-
« cérité du vote eût été altérée par les manœuvres du
« candidat élu. »

Il en résulta néanmoins un procès qui fit beaucoup de bruit, et qui se jugea devant le tribunal d'Uzès. M. Nogent Saint-Laurent vint plaider. Avec son talent ordinaire, il raconta toute la vie de M. Bravay, tout ce qu'on vient de lire, moins les anecdotes et les détails intimes ; ce fut un vrai triomphe dans l'opinion.

Bien que le jugement fût contraire à son client, il en appela à Nîmes et là on lui rendit pleine justice.

— Il ne me suffit pas que cet homme quitte cette audience acquitté par votre jugement, je veux qu'il sorte d'ici debout, plus grand qu'il n'y est entré! dit le célèbre orateur.

Et ceci arriva.

L'avocat cita plusieurs lettres de personnages considérables qui venaient à l'appui de ce qu'il avançait, choisit celle qui, selon moi, les résume toutes. Elle est de M. Sabatier, consul général de France à Alexandrie et adressée à M. Nogent Saint-Laurent :

« Paris, le 6 février 1862.

« Monsieur,

« Je m'empresse de répondre à la lettre que vous « m'avez fait l'honneur de m'écrire le 29 janvier « dernier.

« J'ai, en effet, beaucoup connu M. François Bravay « pendant un long séjour en Egypte ; je l'ai connu « sous les rapports les plus honorables. Aussi, je saisis « avec plaisir l'occasion qui m'est offerte de dire de « lui, loyalement, ce que j'en sais et ce que j'en « pense, en vous laissant d'ailleurs toute liberté de « faire de mes renseignements tel usage qui vous « paraîtra convenable.

« Quand j'arrivai à Alexandrie, comme agent et « consul général de France en 1852, j'y trouvai « M. Bravay premier député du commerce. Ce fut « lui qui en cette qualité me présenta, à mon entrée « en fonctions, à la colonie française de la résidence. « M. François Bravay s'était donc fait alors, comme « négociant, une position considérable parmi ses « compatriotes. Doué d'une intelligence et d'une « activité rare, il était déjà sur le chemin de la for- « tune, quoique ses spéculations n'eussent pas tou- « jours été heureuses.

« En 1854, la mort imprévue du vice-roi et l'avè-

« nement de Saïd-Pacha, qu'il voyait fréquemment
« et dans une certaine intimité, lui fournirent l'occa-
« sion si vivement recherchée par les négociants
« d'Alexandrie d'entrer plus directement en relations
« d'affaires avec le gouvernement. Dès lors, tout lui
« réussit.

« Honoré par Son Altesse, d'une confiance qui
« n'était un secret pour personne, comme partout,
« comme son agent le plus actif et le plus écouté,
« chargé à la fois des fournitures les plus importan-
« tes et des négociations les plus délicates soit avec
« les particuliers, soit avec les principaux membres
« du corps consulaire, M. Bravay se fit en peu de
« temps une situation toute exceptionnelle, situation
« qu'il a conservée depuis, et que l'intrigue et la
« jalousie ont vainement essayé de lui faire perdre.

« Voilà, Monsieur, ce que tout le monde sait, ce
« que tout le monde pourrait vous dire en Egypte de
« M. François Bravay. Ceux, et le nombre en est
« grand, qui ont eu besoin de ses bons offices auprès
« de Son Altesse ou de son crédit comme négociant
« savent encore qu'il a toujours fait, de son influence
« et de sa fortune, l'usage le plus large, le plus
« désintéressé et le plus honorable. Consul général
« de France à Alexandrie pendant plus de sept années,
« c'est en outre un devoir pour moi d'ajouter, en
« terminant, que M. Bravay a donné au commerce
« de notre nation avec l'Egypte une impulsion incon-
« nue avant lui, et qu'il ne s'est pas acquis moins de
« titres à la bienveillance du gouvernement de l'Em-
« pereur qu'à l'estime et à la considération de ses
« compatriotes.

« Veuillez agréer, Monsieur, etc.

« Sabatier »

Je pourrais ajouter à cette lettre celle de M. Batis-
sier, autre membre du corps consulaire en Egypte,

celle de Huadje Bey, médecin du vice-roi, et d'autres encore, mais j'en ai dit assez.

M. Bravay a acheté aux environs de Nîmes une magnifique terre appelé Belle-Eau. Chaque fois qu'il arrive dans son département, il est accueilli avec des transports d'enthousiasme. On l'a nommé trois fois député : la première il eut 14,116 voix, la seconde il en eut 17,180, la troisième 21,956. La Chambre confirma cette dernière élection. M. Bravay termina ainsi son discours, en cette circonstance :

« Messieurs, s'il reste encore des doutes dans vos
« consciences, je veux qu'ils soient dissipés, je veux
« entrer ici par la grande porte ; je n'y veux pas
« entrer par une porte dérobée et je vous supplie d'or-
« donner une enquête au moyen de laquelle la lumière
« se fera ; on pénétrera dans les profondeurs de ma
« vie, dans mon passé, dans mon présent ; on exa-
« minera tous mes actes, l'on aura la conviction po-
« sitive que je suis entré ici par l'expression d'un
« vote libre et spontané. »

M. Bravay tient maintenant sa place sur les bancs de la Chambre ; un jour ou l'autre il fera parler de lui. Son passé a prouvé qu'il ne restait pas inaperçu.

C'est dans son château de Belle-Eau qu'il a reçu Saïd-Pacha pendant le voyage que celui-ci fit en France, en 1862, peu de temps avant sa mort. Jamais le département du Gard n'avait vu pareille magnificence.

Son Altesse était accompagnée de son neveu Mustapha-Pacha ; plus de quinze mille personnes des environs les suivirent. M. Bravay fit ouvrir les grilles du château et du parc à cette multitude, qui participa ainsi à la fête.

Les avenues, les bosquets, les allées furent illuminés le soir par trente ou quarante mille verres de couleur. On avait dîné dans une salle de verdure. Le couvert était splendide et la chère exquise.

La fête se termina par un feu d'artifice. J'ajouterai

en passant que, dans la pyrotechnie et les illuminations, les Turcs sont au moins aussi avancés que nous.
Ils sont plus fantaisistes et plus originaux ; nous ne
quittons guère les routes battues.

C'est en plaidant un de ses procès, pour des Suisses,
je crois, que mon ami Faveri a fait connaissance
avec M. Bravay. Il me racontait un trait de lui, dont
il a été témoin, qui peint mieux que son esprit, son
cœur.

Il avait à Belle-Eau deux chevaux arabes de toute
beauté, qu'il avait ramenés pour en faire des cadeaux
à des amis. Un jour qu'il partait pour Nîmes, connais-
sant le caractère de ses chevaux, il défendit qu'on les
montât pendant son absence. Il y avait une façon particulière de les conduire, et ils pouvaient causer des
accidents, s'ils étaient mal dirigés.

Le lendemain, un de ses gens arriva à Nîmes tout
consterné, porteur d'une mauvaise nouvelle. On n'a pas
tenu compte de la défense, on a monté les chevaux ;
le plus beau s'est jeté sur le timon d'une voiture et
s'est tué.

C'était une perte considérable. Bravay n'y pense
pas :

— Et l'homme ! s'écria-t-il tout de suite, est-il
blessé ?

— Il a été étourdi d'abord, mais ce n'est rien ;
dans deux jours il n'y paraîtra plus.

— Ce n'est rien alors. Dieu soit loué !

Un de ses amis, présent à cette scène, lui frappa
sur la poitrine en s'écriant :

— Il y a du cœur là-dedans !

— Ma foi, quand je serai mort, je veux qu'on fasse
l'autopsie de mon corps pour savoir si je n'en ai pas
deux.

Voici un autre mot aussi fin que plein de délicatesse, et qui n'est pas connu.

On lui demandait de faire une chose qui ne lui

paraissait pas strictement bien, et c'était à tort, la personne très honorable qui la lui proposait cherchait à vaincre ses scrupules.

— En admettant que vous ayez raison, ce que je nie, nul ne le saura que vous, un tel et moi.

— Oui, mais il y a moi de trop !

Saïd-Pacha avait pris un embonpoint qui ne pouvait annoncer une bonne santé ; en effet, il tomba malade et, bientôt, mourut. Là, les caractères de ceux qui s'intitulaient ses amis se révélèrent. Son lit de mort fut déserté par eux. M. Bravay, qui ne le quitta pas un instant, s'y trouva presque seul. Il assista aux funérailles plus que mesquines qu'on lui fit, presque seul également

Pendant ce temps, on reconnaissait le nouveau vice-roi au Caire, et tous les yeux étaient tournés vers le soleil levant.

Le soir, il y eut illumination générale ; toutes les maisons de la place des consuls à Alexandrie, presque aussi grande que la place Louis XV, brillaient de mille feux ; une seule maison resta obscure et triste, ce fut celle de M. Bravay. Il ne craignait pas de montrer son respect et sa reconnaissance pour son bienfaiteur, et la douleur sincère que lui causait sa perte.

Ismaïl-Pacha, neveu de Saïd et son successeur, ne lui garda pas officiellement rancune. Lorsqu'il eut été prendre l'investiture du Sultan à Constantinople et qu'il rentra dans sa capitale, il y eut de nouvelles fêtes. M. Bravay illumina et alla rendre ses hommages au souverain. Il fut reçu froidement, bien qu'avec une grande politesse, et se tint ensuite en dehors des affaires pendant quelque temps.

Bientôt se présentèrent des circonstances difficiles. On fit un appel à ses conseils et à son expérience. Il ne les refusa pas. Le prince fut à même d'apprécier alors ce qu'il valait ; et, il jouit auprès de lui de la même faveur qu'auprès de son oncle.

Dernièrement, lorsque le choléra envahit l'Egypte,

il n'hésita pas un instant, il partit. Il quitta la Chambre et les affaires pour courir au-devant du danger. Arrivé à Alexandrie, il établit des ambulances, il soigna les malades et paya partout de sa personne. Il semblait qu'il se multipliât et qu'on le vit partout à la fois.

Il acquit ainsi une popularité plus grande, et montra aux plus jaloux combien il méritait son bonheur et la grande fortune qui lui est advenue. Le terrible fléau n'est pas un ennemi qu'on puisse braver sans péril. Il ne ménage ni la fortune, ni la force ; il s'attaque à tous ; tous peuvent donc le redouter, et celui qui l'affronte fait preuve d'un grand courage.

Cette vie accidentée me semble en même temps un encouragement et un exemple. Elle prouve qu'on peut arriver en suivant la ligne droite, avec du mérite et de la volonté. Elle prouve aussi qu'on peut avoir beaucoup d'esprit et beaucoup de cœur, ce que l'on croit généralement ne pas trouver réuni, et ce qui compose alors une nature complète.

CHAPITRE V

C'est aussi de la même époque que date une connaissance, devenue bien vite une amitié, avec un des auteurs dramatiques les plus à la mode, en ce temps-là et depuis.

Henri de Saint-Georges appartient à la famille des marquis de Saint-Georges, très bons gentilshommes du Bourbonnais. Sa grand'mère, dont j'ai parlé déjà, était la marquise de Lucenay qui habitait Versailles et dont l'esprit, les grandes façons étaient renommés même alors où ce n'était pas une exception.

Les Lucenay sont des Randon ; nous avons été édifiée dernièrement à cet égard, par un livre charmant dont Mme la marquise de la Grange a été l'éditeur. Ce sont les lettres de Laurette de Malboissière, lettres originales; j'en ai lu plusieurs, qui portent les timbres de la poste et rien n'est plus authentique.

Cette Laurette de Malboissière était la fille de Randon de Malboissière, fermier général; elle avait pour cousin un charmant mousquetaire, un peu étourdi, un peu fou, qui s'appelait Randon de Lucenay; après la mort de son père, il fut marquis de Lucenay et devint probablement le mari de cette charmante vieille qui fut la grand'mère d'Henri de Saint-Georges et qui l'a élevé.

Il était bien jeune quand il vint à Paris et qu'il se décida pour la carrière des lettres. C'était un des beaux hommes et des plus séduisants que j'aie connus de ma vie. Il resta jeune — j'entends très jeune — fort longtemps; à trente-six ans, il semblait en avoir vingt-cinq.

A présent, il n'est pas un homme de la seconde jeunesse qui ait sa tournure et son élégance.

Il a un esprit distingué, de bonne compagnie, sa mémoire est prodigieuse; il n'oublie jamais ce qu'il sait ni les gens qu'il a connus, qu'il a rencontrés. Homme du monde dans toute la force du terme, il en a les façons exquises et personne n'en connaît mieux les usages.

Sa réputation d'honorabilité est établie sur des bases solides et inattaquables. Il a par devers lui des traits qui, bien que tout simples à ses yeux d'honnête homme, n'en sont pas moins bien rares par le temps qui court.

Né avec de la fortune, il l'a risquée et perdue dans une entreprise qu'il devait croire bonne. Des circonstances qui se rattachent à sa carrière littéraire lui avaient fait accepter la direction de l'Opéra-Comique. Il avait deux associés et, malgré une administration aussi probe qu'intelligente, il fallut prendre un triste parti.

M. de Saint-Georges ne voulut pas que son nom eût la moindre souillure. Il sacrifia tout ce qu'il possédait et paya jusqu'au dernier sou. Il en sortit ruiné, mais avec l'estime générale.

A dater de ce moment, il se livra à des travaux incessants pour regagner ce qu'il avait perdu ; il se refit une position qui depuis n'a pu que devenir meilleure encore. Maintenant, peu d'auteurs dramatiques gagnent plus d'argent que lui et savent le dépenser d'une façon plus honorable.

Il a un délicieux appartement, celui d'une petite maîtresse ; son salon est tendu en damas de soie ; les dorures, les glaces étincellent partout. Il a des tableaux de prix, des fleurs plein les jardinières, des coussins brodés par de belles mains, qui portent son chiffre et ses armes. Et puis, des petits objets d'art : des porcelaines, des bronzes, des cristaux ; sa chambre à coucher a des rideaux garnis de dentelles, des petits meubles précieux et des portraits ravissants de ses aïeules et de ses amies.

Et le cabinet de toilette ! C'est un bijou ; tous les parfums de l'Arabie sont là.

La salle à manger est en vieux chêne ; le boudoir ressemble à une bonbonnière ; tout est soie, cristaux, dentelles et meubles de rose. Une magnifique vierge de Raphaël, portant l'enfant Jésus, est placée au-dessus du canapé ; c'est un chef-d'œuvre.

Tout cet intérieur est confortable, élégant, embaumé ; l'esprit doit y être à l'aise et y puiser des idées ravissantes. On y doit fructueusement et agréablement travailler.

M. de Saint-Georges a toujours eu une maison dignement tenue. Je lui ai connu jadis une vieille gouvernante qui, je crois, était chez lui depuis son enfance. Elle est morte. Il l'a remplacée par un vrai valet de chambre, de l'ancien régime, et sa femme. Le poète porte, pour l'intérieur, un costume de satin noir piqué, une sorte de veste longue et le pantalon pareil, des pantoufles rouges, des chaussettes de soie. Il pousse la recherche jusque dans les derniers détails ; ce n'est pas moi qui l'en blâmerai.

Si l'on pouvait écrire toute cette vie, depuis la première jeunesse, il y aurait plus d'un roman à raconter, mais il faudrait deviner beaucoup, car une des grandes qualités du héros, c'est la discrétion. Gentilhomme dans toute la force du terme, il met dans ses relations une exquise politesse et une urbanité qui ne ressemble point aux façons actuelles de ces messieurs. Aussi la critique ne l'épargne pas ; leur débraillé, leur sans-gêne, ne s'accorde pas avec la convenance de ses manières. Il ne fume pas, il n'empoisonne pas le tabac, par conséquent. On blâme ses odeurs et sa pommade. Entre les deux excès — si toutefois c'en est un — je préfère de beaucoup le sien, et tous les gens de bon goût seront de mon avis.

Roger de Beauvoir, dont l'esprit drôle n'allait jamais jusqu'à la méchanceté, contre ses amis surtout, avait fait sur lui la plus jolie petite caricature anodine qu'il fût possible de voir. Il l'avait représenté entrant dans la mer, à Dieppe, pour prendre son bain, et y jetant préalablement le contenu d'un flacon d'eau de Cologne. Je ne sais ce que sera devenu ce dessin. Peut-être M. de Saint-Georges l'a-t-il encore, car il a été le premier à en rire.

Personne ne raconte mieux que lui ; il a une foule d'anecdotes du monde et du théâtre, dont il ferait un joli livre, s'il voulait s'en donner la peine. Son habitude de la scène lui fait graduer ses effets de manière à tenir ses auditeurs en suspens. C'est un de ses talents qui le fait le plus rechercher.

Un autre, moins en rapport avec sa situation, est celui de prestidigitateur. Il en remontrerait aux sorciers de profession ; il fait des tours de cartes et de physique inexplicables, et cela avec une adresse, un aplomb, un *bagoût*, passez-moi le mot, que Robert Houdin et consorts lui envieraient.

J'ai vu chez lui, à une soirée de miracles, Moreau

Sainti, l'ancien artiste de l'Opéra-Comique, qui a joué les beaux hommes après le départ de Lemonnier. Ils nous montrèrent tous les deux des prodiges ; au moyen âge on les aurait brûlés ; je ne voudrais pas jurer qu'ils ne le méritaient point.

M. de Saint-Georges a donné une quantité de pièces, aux trois théâtres lyriques surtout ; presque toutes ont eu du succès, presque toutes sont charmantes. Je parlais tout à l'heure de Lemonnier. Je me souviens combien il était remarquable dans un opéra de Saint-Georges et d'Halévy, intitulé *Ludovic*. Je le vois encore en transtévérin, habillé de velours vert ; Mme Pradher — Mlle More — jouait avec lui ; il me serait impossible de dire en quelle année, mais il y a très longtemps.

Je ne connaissais pas l'auteur alors. La pièce ne m'en est pas moins restée dans la mémoire, à cause du grand intérêt qu'elle offrait. Rien de plus vrai que le sujet, pris sur la nature.

Une jeune fille n'aime personne ; elle consent à épouser un de ses soupirants, parce que sa famille le désire. Elle est très ennuyée de la cour que lui fait Ludovic et repousse avec hauteur un amour qu'elle ne partage pas. Le jour de son mariage, désespéré, il veut la voir encore, la supplier, lui entendre dire qu'elle ne veut pas de lui ; il veut enfin ce que veulent tous les amoureux possibles : ils préfèrent une blessure faite par la main adorée, à la douleur de rester loin d'elle.

Il la conjure de rompre cette union où son cœur ne la porte pas, de lui laisser un peu d'espérance, de ne pas pousser sa jalousie jusqu'au dernier terme ; elle refuse toujours ; furieux, exaspéré, il tire son poignard et le lui plante dans la poitrine.

Ceci est la fin du premier acte.

Au second, Ludovic est en prison et la victime entre en convalescence ; mais une révolution complète s'est opérée en elle. Elle aime maintenant cet homme qui a manqué l'assassiner. Son amour avait été immense, puisqu'il l'a poussé au crime. Seule, elle le défend contre tous ses proches, ses amis qui l'accusent ; elle déclare qu'elle mourra, s'il meurt ; la passion qu'elle éprouve maintenant est aussi vive que celle de son amant.

Enfin, tout finit pour le mieux ; je ne me rappelle pas comment, par quel moyen. Je sais que l'intérêt de la pièce est très vif. Vous n'en doutez pas, puisque après tant d'années, je me suis laissé aller à vous la raconter pour vous en donner une faible idée.

M. de Saint-Georges n'a plus vingt ans, tant pis pour ceux qui s'en aperçoivent ! c'est qu'ils y mettent de l'obstination. En philosophe aimable, il fait tout pour le faire oublier aux autres et pour l'oublier lui-même. C'est le plus sage et le meilleur parti. Sa vie est réglée comme doit l'être celle d'un homme qui se respecte beaucoup et qui veut être respecté. Il va dans le monde. Il a des relations dans tous les cercles, il est en même temps recherché dans la société et chez les artistes ; ses amis lui restent parce qu'ils l'estiment, et parce que personne mieux que lui ne sait plaindre ceux qui souffrent. Il a des paroles et des regards qui consolent et qui promettent ; ce sont les regards qui promettent, je tiens à être claire avant tout. M. de Saint-Georges ne ment jamais que dans ses pièces.

Il reçoit beaucoup de visites : la matinée est prise par les répétitions, l'après-midi par les collaborateurs, puis les demandeurs de billets, pour lesquels il est très généreux ; les quémandeurs de rôles, les chanteurs enroués, les danseuses aspirantes et les premiers sujets. Il accueille les solliciteurs, les connaissances et les importuns avec la même courtoisie. Il est affable ; on aime à le regarder ; son visage plaît, l'expression en est douce et animée en même temps. Son costume de chambre est ouaté comme sa vie. Rien ne blesse dans ce qui le touche et dans ce qu'il fait. Il est bienveillant, il encourage les timides. On l'accuse d'avoir une opinion exagérée de lui-même et de ce qu'il fait. Si cela est, au moins se sert-il de cette vanité pour être utile aux autres et les protéger. Cette protection n'est point de celles qui humilient, mais de celles qui appuient, mais de celles qui relèvent. Ce mérite est rare ; rien de plus difficile que de savoir protéger.

Quelques-uns prétendent que l'Opéra-Comique a un peu déteint sur le gentilhomme. Comment ? pourquoi ? je ne saurais vous le dire ; c'est, pour mon compte, un reproche que je ne lui ferais point. Jamais M. de Saint-Georges ne s'est mêlé à aucuns tripotages dramatiques ; il a toujours pris la chose de haut, même lorsqu'il était intéressé pécuniairement dans un théâtre.

Il a réussi, tant mieux ! Dieu et les hommes ont fait leur devoir en cette circonstance, nul n'avait plus de droits que lui au succès. Il gagne beaucoup d'argent, tant mieux encore ! il est digne d'être millionnaire. Un honnête homme·qui parvient dédommage de vingt fripons qui triomphent. Cet argent qu'il a conquis, il y tient et ne le dépense pas à tort et à travers, et nul ne saurait l'en blâmer.

Il se crée une fortune pour quand la bise sera venue, comme la fourmi. En homme prévoyant, il a étudié la morale de cette fable, lui qui vit au milieu des cigales de tous les genres. Lorsqu'il traite, rien n'y manque. Ses soirées se composent d'éléments hétérogènes, on y voit un échantillon de plusieurs mondes ; il fait très bien les honneurs de chez lui.

M. de Saint-Georges a des amis ; je vous l'ai dit tout à l'heure, s'il protège les autres, il a aussi l'art de se faire protéger. Adroit, fin limier, il ne risque pas de fausses démarches et sait arriver à propos. Il est très choyé dans les cours étrangères ; les rois sont ses correspondants ; sa boutonnière et sa cravate s'émaillent de décorations gagnées à la pointe de la plume.

Il en est fier et les porte volontiers, cela fait bien sur un habit noir. L'auteur de *la Magicienne* est toujours habillé le soir ; il ne se présenterait pas à l'Opéra ou chez une femme en négligé ; il a les bonnes traditions. Il déteste le cigare, ne fume jamais et n'autorise personne à fumer chez lui. Quand on entre dans ce sanctuaire, on se croirait dans un bosquet de roses et d'héliotropes ; de bonne foi, cela ne vaut-il pas mieux ? Pourquoi critiquer ce goût et s'obstiner à imposer les nôtres ? Nous nous roulons dans le Maryland ; laissons nos voisins respirer les tubéreuses, Nous voulons la liberté pour nous et nous la refusons aux autres ; cela n'est ni conséquent ni loyal.

M. de Saint-Georges n'entend pas l'amour à notre façon d'à-présent. Il a toujours placé les siennes de manière à ce qu'il ne soit pas permis d'en parler. Malgré la position spéciale qu'il occupe, on ne lui a jamais prêté la moindre bonne fortune au théâtre, jamais le moindre scandale ne s'est attaché à son nom. Je ne dis pas qu'il n'ait point été favorisé et plus que d'autres qui le crient sur les toits. Peut-être son valet de chambre pourrait-il déployer une liste aussi longue que celle de don Juan, si toutefois son valet de chambre était dans sa confidence, ce dont je doute.

La discrétion faisait jadis partie de l'éducation d'un homme de bonne compagnie, et M. de Saint-Georges a été trop bien élevé pour que cette vertu ne fût pas chez lui la première de toutes. J'ai dit *vertu*, et je le maintiens. Si l'on calculait les malheurs, les fautes, les bouleversements arrivés par suite des indiscrétions, on rangerait la qualité opposée dans le nombre des vertus cardinales.

Je ne puis donc parler que par suppositions, par à peu près, des fastes de la galanterie de mon héros. Je sais seulement qu'il a montré beaucoup de cœur et de dévouement dans différentes circonstances ; je sais qu'il a été adoré, je sais que, si on racontait le roman intime de cette brillante existence, on y trouverait des pages d'un intérêt saisissant et qui feraient répandre des larmes à nos belles lectrices. Il n'est pas permis d'en dire davantage ; on ne voit que ce qui se montre, et, si le caractère, les œuvres des poètes appartiennent au public, empressé à les connaître, leur vie privée ne peut être crochetée que par des pamphlétaires, lorsque, comme M. de Saint-Georges, ils ont le bon esprit de faire deux parts d'eux-mêmes, celle qu'ils livrent et celle qu'ils conservent : ordinairement celle-là est la meilleure.

M. de Saint-Georges a fait beaucoup de pièces ; il réussit à l'Opéra et aux autres théâtres lyriques ; ses ballets sont cités. Parmi les *libretti* qu'il a mis au jour, les plus jolis sont certainement *l'Eclair*, *l'Ambassadrice* et *les Mousquetaires de la reine*, bien que les reines n'aient jamais eu de mousquetaires ; mais pour chanter, on n'y regarde pas de si près. Il est heureux dans le choix de ses musiciens. Presque toutes les partitions de ses poèmes sont charmantes. Il s'entend merveilleusement à la coupe des airs et des duos. Il a souvent des couplets délicieux. La plupart du temps on ne les entend pas. Les artistes diraient n'importe quoi sur leurs roulades ou leurs adagio, que nous ne nous en douterions guère. On sait l'histoire de Sophie Arnould, ayant parié avec le duc de Lauraguais que, dans *Iphigénie*, en présence du roi et de la cour, elle chanterait à pleine voix, en réponse à ces paroles de sa confidente :

> Rassurez-vous, belle princesse,
> Achille sera votre époux.

Elle paria donc de chanter et de recommencer par deux fois, sans que personne s'en doutât, une petite phrase incidente, dont le dernier mot rime avec *époux* et indiquant que cela lui était très égal ; je ne ne me permettrais pas de la répéter, surtout en présence de celui dont nous nous occupons.

Au total, **M**. de Saint-Georges est parfaitement sympathique à ceux qui demandent à un homme des qualités supérieures, une tenue irréprochable et le respect de lui-même. Ses cheveux toujours et *légitimement* noirs, ses gants sans tache, ses chemises étincelantes, font aboyer les roquets littéraires ; laissons-les dire et prenons le bon, l'excellent, partout où nous le rencontrons. D'ailleurs, entre l'excès de l'un et l'excès des autres, le choix est facile : je préfère l'exagération de l'ès-bouquet à celle du bouquet de ces messieurs

CHAPITRE VI

Le hasard me rapprocha à cette époque d'un pauvre comique, véritable image de Pierrot pendu au physique, mais au total qui méritait un autre sort que le sien. C'est André de Bruille, connu au théâtre sous le nom de Bache.

Il appartenait à une bonne famille. M. Martin du Nord était son allié.

— Ce n'est pas pour cela que je réclame, disait-il un jour. Il y a tant de gens à la foire de ce nom-là, je n'y reconnaîtrais pas mon parent dans le nombre.

Orphelin de bonne heure, il prit à droite et à gauche des principes qui le sortirent de sa voie, et ne sachant mieux faire, il se mit à jouer la comédie. C'était un garçon d'esprit, toqué, maladif, humoriste, au fond très bonhomme, bien que susceptible et colère. Il se querellait avec tout le monde et ne put rester nulle part au théâtre. Il les essaya tous. Le talent ne lui manquait pas. Il étudiait et créait très bien un rôle, en saisissait les nuances, et il eût pu devenir un véritable comédien si la mobilité de ses idées et sa santé le lui avaient permis.

Rien n'était bizarre, inouï comme sa conversation. Il disait les drôleries les plus comiques avec une figure de croque-mort. Il était impossible de ne pas éclater de rire en l'écoutant. Quant à lui, il ne riait jamais. Du reste, un brave homme, un excellent père de famille, très calomnié parce qu'il ne se faisait aimer nulle part. Il adorait ses enfants et apportait consciencieusement à sa femme ses appointements sans en retenir un sou. Il est mort de la poitrine après de longues souffrances. À peine avait-il quarante ans.

Je l'ai connu par suite d'une singulière histoire, où il se trouva mêlé avec le pauvre Roger de Beauvoir. C'est une vraie farce de tréteaux qui tourna bien mal et qui ne valait pas le bruit qu'elle a fait. Elle a, d'ailleurs, été très mal racontée.

Bache avait l'étrange manie de s'entourer de couteaux. Il en portait toujours sur lui cinq ou six et passait son temps à les aiguiser. Bien des gens prétendaient qu'il était fou, et ajoutaient qu'on ne devait pas lui laisser ainsi entre les mains des armes dangereuses, dont il pouvait faire un mauvais usage.

C'étaient des craintes puériles. Il n'était ni fou, ni méchant, mais exalté, bizarre, incapable de faire du mal à qui que ce soit, excepté par des mots sanglants, qu'il lançait quelquefois avec justesse et qui lui ont fait bien des ennemis.

Le reste doit être attribué à l'étrangeté de ses manières et de son éducation, au milieu dans lequel il a vécu. Je le répète, il aurait pu mieux faire, et il ne faut pas s'en prendre à lui de ses écarts, mais bien au sort qui l'a poursuivi depuis le berceau jusqu'à la tombe.

Quelqu'un me demandait l'autre jour ce que je pensais d'Henri Delaage, ce qu'il était, et ce que je comptais dire de lui dans ces mémoires.

En vérité, je n'en sais rien.

C'est un être tellement multiple, tellement bizarre que son portrait me semble le plus difficile à tracer. Celui qui croit le connaître le mieux se trompe. Il y a dans ce caractère des arcanes presque impossibles à pénétrer et des contradictions qui défient toute certitude.

Delaage appartient à une famille distinguée de Normandie. Son grand-père était fermier général et, comme presque tous ses pareils, il acheta une charge de secrétaire du roi, charge qui donnait la noblesse et faisait tous les enfants gentilshommes, à la troisième génération. La Révolution diminua considérablement la position et la fortune, sans rien ôter à l'honorabilité et à la considération.

Le père d'Henri était un des hommes les plus respectables et les plus respectés de la ville du Havre. Sa mère était la fille du comte Chaptal, le fameux savant, sénateur du premier Empire. Tout ceci forme, on le voit, une parenté recommandable sous tous les rapports. Quant à celui qui nous occupe, que vous dirai-je? C'est une énigme. Nul ne le connaît absolument; toutes les opinions sont différentes sur son compte.

Parlez-en à de certaines gens, ils vous diront que c'est un garçon ordinaire comme intelligence, d'une conversation fatigante et lourde, qu'il n'a pas de talent, qu'on ne conçoit pas comment il s'est faufilé dans les lettres, qu'il est bon tout au plus à tenir son rang dans une société bourgeoise, que, du reste, il n'a aucun crédit, qu'on ne le recherche nulle part, que c'est la mouche du coche et rien de plus. Ces gens-là le traitent sans conséquence et le lui laissent deviner. Il faut voir alors comme il les regarde, et ce qu'exprime cette physionomie si placide et si douce ordinairement. Peut-être changeraient-ils d'avis s'ils surprenaient cette expression anormale. C'est à quoi ils ne songent point.

D'autres sont d'une opinion tout opposée. Ils accordent à Delaage, un talent réel, un esprit hors ligne, une grande entente du monde et une habileté rare. S'il faut les en croire, il a un pied partout; son influence, même en haut lieu, est immense. S'il s'efface, c'est qu'il observe, c'est qu'il réfléchit, c'est qu'il ne veut rien perdre de ce qui se passe pour en faire profiter son expérience. Ils ont pour son caractère et son mérite, presque de l'admiration. Leur confiance en lui est complète. Ils l'écoutent comme un oracle, lui demandent conseil et croient en lui entièrement.

La position littéraire de Delaage s'est faite par le spiritisme. Il a écrit sur cette matière plusieurs volumes, qui lui ont valu une vraie célébrité parmi les adeptes. Il occupe une des premières places parmi les croyants. Il n'est pas de médium bien lancé, s'il n'y met la main, s'il ne le présente, pas de séance qui puisse réussir sans lui. Il a pénétré tous les mystères et il a vu tous les miracles, depuis les diableries du baron d'Oresques jusqu'aux extases des somnambules en renom. Il explique chaque fait, ou plutôt il ne les explique pas, mais il fait entendre qu'il les connaît et qu'il les comprend.

Il a des correspondances dans tous les mondes, visibles et invisibles ; il sait les allures et les caprices des lutins les mieux instruits, et si on lui demande des nouvelles de la lune, il en donnera.

Ici se présente une question nouvelle, qui a aussi ses contradictions.

Delaage est-il de bonne foi ?

Croit-il ou ne croit-il pas à ses doctrines ?

Les enthousiasmés répondent : oui.

Les sceptiques répondent : non.

Ceux mêmes qui lui accordent de grandes facultés, se servent de ces facultés, pour nier sa foi au spiritisme. Ils prétendent qu'il se moque de nous, qu'il ne peut pas donner dans de pareilles bourdes. — J'en demande pardon à cette honorable secte, où se rencontrent tant de braves gens qui, las des turpitudes de cette terre, cherchent ailleurs des consolations.

Quant à moi, si l'on insiste pour avoir mon avis sur tout ce que je viens d'exposer, je répondrai simplement par ce que j'ai vu et ce qui s'est passé sous mes yeux.

Delaage connaît, de près ou de loin, le genre humain des quatre parties du monde. Il n'est pas un événement social ou littéraire, où il n'ait pas été quelque peu mêlé. On le rencontre partout. Il a un pied dans tous les salons déréglés ou honnêtes, ses entrées chez les femmes et chez les maîtresses de ses amis. Les cocottes se l'arrachent non pas à titre d'amoureux, mais à titre d'utilité et de protection. Il les invente quand elles sont inconnues ; il en a créé plusieurs devenues célèbres aujourd'hui ; il a le *truc* comme elles disent.

Il y a une dizaine d'années, il avait un vrai crédit dans les ministères et dans les journaux. Le crédit a baissé par les changements successifs des choses et des personnes. Il lui en reste encore assez pour faire beaucoup de bien, pas autant qu'il en promet néanmoins, car il est oublieux et voit trop de monde avec lui : les absents ont tort. C'est une suite nécessaire de l'existence répandue qu'il mène. La mémoire a des bornes.

J'ai trouvé en lui un bon garçon serviable, très fin, assez rusé, sachant bien ce qu'il fait sans en avoir l'air. Il n'a aucun besoin d'aucune espèce, aucun goût de dépense. C'est un anachorète. Il habite depuis bien des années un modeste logement garni, au quatrième, dans le quartier de la Madeleine. Il n'y fait jamais de feu, même en hiver. Il ne se lève qu'à midi et, le matin, cette petite chambre glaciale voit passer une procession de visiteurs. Il ne s'y trouve que deux chaises et une malle. On s'assoit où on peut, et on vient causer. Des célébrités de tous genres ont passé par là. Du temps de la grandeur de Delaage, les chroniqueurs arrivaient aux nouvelles, et il en avait pour tous.

C'est une étrange façon de vivre que celle-là. Une fois sorti, il ne rentre plus. Il a vingt maisons où son couvert est mis, tous les jours, sans compter les invitations *ad hoc*. Il a ses entrées à tous les théâtres ; il peut aller à dix soirées, aux soupers chez Bréban ou à la Maison d'Or, aux réunions les plus triées, ou les plus faciles.

Pourquoi ? Je n'en sais rien. Je n'explique pas, je constate.

Comme étrangeté, j'en signalerai plusieurs.

Je le connais depuis plus de vingt ans. Il est aujourd'hui tel qu'il était alors. Il n'a pas une ride, pas un cheveu blanc de plus. Il n'a ni maigri ni engraissé. Il est le même et pourtant il a plus de quarante ans. Son visage régulier, rêveur, mélancolique, rappelle assez la tête du Christ flagellé. Il a même posé pour cela, voici quelques années.

Les crédules assurent qu'il a fait un pacte comme le comte de Saint-Germain.

Un autre fait, dont j'ai été témoin trois fois à des distances très rapprochées, c'est qu'il porte malheur. On eut juré au moyen âge qu'il jetait des sorts.

M. Véron en rentrant au *Constitutionnel* le réforma. Il n'y resta lui-même que fort peu de temps et en fut chassé par des ennuis sans nombre.

Le *Figaro* lui servit un jour un éreintement à tout casser ; presque aussitôt M. de Villemessant entra dans une série de procès, de désagréments, de scènes pénibles qui durèrent assez longtemps pour fatiguer sa patience.

Enfin, un de nos amis communs eut envers lui un procédé blessant. Je fus priée de tirer la chose au clair et en me quittant Delaage me dit :

— Qu'il y prenne garde, s'il persiste, cela ne lui portera pas bonheur.

L'ami persista. Presque aussitôt, il tomba malade et resta plus de deux ans dans un état qui fit craindre pour sa vie d'abord, pour sa raison ensuite. Il est aujourd'hui parfaitement guéri.

C'est le hasard, je le sais ; mais il est drôle que cela se soit répété si souvent. On est bien forcé d'en convenir.

Les sciences occultes s'emparent de l'imagination et la moindre circonstance, même fortuite, prend des proportions de merveilleux. Je ne puis me donner comme convertie aux choses surnaturelles. J'ai vu du pour et du contre ; je n'ai pas encore d'opinion positive. J'ai peur de me prononcer.

Les tables tournantes ne m'ont rien dit de concluant. J'ai cependant entendu des cris inexplicables et vu un énorme guéridon, monté sur un seul pied, très lourd, se tenir en l'air tout seul, alors que deux médiums seulement avaient les mains dessus. Il est resté deux ou trois secondes, à quinze ou vingt centimètres de terre.

Ceci je *l'ai vu*, chez la duchesse d'Esclignac. Et la baronne de Talleyrand pourrait l'attester comme moi.

Je voudrais bien raconter une aventure fort drôle, qui prouve tout le contraire et dont j'ai été aussi le témoin, mais c'est très difficile. Je vais essayer cependant, en vous demandant humblement pardon de ce que vous allez lire. Prenez-le comme renseignement.

J'étais allée à une séance chez le baron Guldsdenborn, le même que l'on a vu figurer dans le procès de la princesse Isabeau de Craon. Ceci peut entrer dans sa biographie de sorcier, comme preuve à l'appui. On m'avait annoncé des apparitions, des écritures, des dessins, des voix. J'arrivais toute disposée à avoir peur et à me laisser convaincre. J'étais avec une de mes amies et son fils, un spirituel et charmant garçon, que je ne veux pas nommer et pour cause, on le comprendra.

Nous trouvâmes une douzaine de personnes réunies autour d'une grande table. Le maître de la maison, avant de nous permettre d'en faire autant, nous raconta tout ce dont il était témoin. Avec cela, il y y avait de quoi faire frémir : pas une muraille, pas une chaise, pas un livre qui ne fût habité par les esprits et qui ne jouàt son rôle à un moment donné.

Le boniment fini, on interroge la table; nous étions quatre. Elle ne voulut admettre que mon amie, son fils, ma nièce et moi. Nous fûmes renvoyés dans le salon ; les portes étaient ouvertes, nous pouvions tout entendre et tout voir.

Ces béats avaient une si drôle de mine que nous nous mîmes à rire aux larmes, sans pouvoir nous en empêcher. On connaît ces accès que rien n'arrête. On avait beau appeler, taper, crier, évoquer, pas le moindre petit farfadet ne voulait répondre ; la troupe était désolée, lorsque tout à coup un bruit formidable, éclatant, retentit dans le silence.

Aussitôt, toute la troupe émerveillée, de s'écrier :

— Entendez-vous ?

— Jamais pareille manifestation ne s'est produite.

— C'est merveilleux !

— Vous croirez, maintenant, madame, me dit le baron triomphant, vous ne pouvez nier.

Hélas ! je ne pouvais nier, et je riais à faire scandale.

Comment vous faire comprendre d'où venait cet éclat formidable qui n'avait rien de surnaturel du tout ? Nos pères n'y mettaient pas tant de façon. Ils vous eussent raconté tout net la chose. Sancho Pança n'en était pas chiche, en dépit des dégoûts et des remontrances de son maître. Relisez *Don Quichotte* et vous verrez.

Le jeune homme, confiné comme moi, dans le salon, avait eu, à l'aspect des grimaces de béatitude des convaincus, un tel accès de gaieté, qu'il ne fût plus maître d'en calculer la portée ; de là cette *révélation* dont les spirites furent si transportés, et qui, assurent-ils, ne s'est jamais renouvelée depuis. — Je l'espère bien. — Ce qu'il y a de beau, c'est qu'ils y croient encore.

Je vous demande bien pardon de l'anecdote, si elle a son côté trivial, elle a aussi son côté philosophique. Que de faits inexpliqués et soi-disant miraculeux n'ont rien de plus extraordinaire que celui-ci.

Pour le magnétisme, c'est autre chose. Et puisque nous sommes sur ce chapitre, je veux rappeler ici une mémorable expérience qui eut lieu chez moi, en présence de plus de quatre-vingts personnes, presque toutes des grandes célébrités de la littérature et des arts. Les journaux du temps en ont beaucoup parlé.

C'était le 30 avril 1843, ce me semble. Cette date du 30 avril a sa raison d'être, on va le voir. Un médecin, le docteur Ricard, avait avec lui une somnambule nommée Virginie, une paysanne, ne sachant ni lire ni écrire. Il l'avait dégrossie, habillée comme tout le monde, et la conduisait dans les salons, où elle étonnait véritablement les plus incrédules.

D'un autre côté, M. Marcillet, qui connaissait mon oncle, le marquis de Saint-Mars, très friand de magnétisme, dirigeait les exercices d'Alexis. Il fut convenu qu'on les amènerait chez moi, le 30 avril, et l'on me pria de réunir le plus de gens intelligents possible afin que la soirée eut un grand retentissement.

J'engageai tout ce que je connaissais. Ceux-là m'en présentèrent d'autres ; c'était une véritable académie. Je me souviens qu'Halévy, Adolphe Adam, Donizetti, étaient là ; puis Victor Hugo, Théophile Gautier, Roger de Beauvoir, Henri de Saint-Georges, je ne sais qui encore, vingt autres dont les noms ne se présentent pas au bout de ma plume en ce moment.

On endormit d'abord Virginie, et l'on me mit en rapport avec elle en me priant de l'interroger. J'avais un portrait en miniature de mon mari. La somnambule ne pouvait pas l'avoir vu ; il était avec mes bijoux dans ma chambre. Elle n'était jamais venue chez moi et ne me connaissait nullement. J'apportai ce portrait enfermé dans un médaillon et je le posai sur sa poitrine, la peinture au-dessous. Elle s'écria, après un instant, que c'était le portrait d'un officier, habillé de vert et de jaune. Elle dépeignait ses traits et, s'interrompant, elle ajouta :

— Il était ainsi vêtu quand on a fait ce portrait, mais à présent, je le vois très bien, il a un habit rouge et des revers bleus.

Tout ceci était vrai. Quand on avait peint M. de Saint-Mars, il était dans les dragons ; et, en 1843, il était devenu lancier, dont l'uniforme était garance et bleu de roi.

— Puisque vous le voyez si bien, repris-je, vous pouvez me dire ce qu'il fait en ce moment.

Elle hésita, sembla chercher, et ses traits exprimèrent un complet étonnement.

— C'est étrange, fit-elle, il est avec plusieurs personnes ; ce sont des voleurs et un assassin.

Nous nous récriâmes tous ; le régiment ne devait pas être composé de cette manière, apparemment. Je voulus en avoir le cœur net ; sans donner d'explications, j'écrivis à mon mari de me dire ce qu'il faisait, avec qui il était ce jour-là, à onze heures du soir. Il était alors en garnison à Pontivy.

Il me répondit qu'il faisait les fonctions de commandant de place ; qu'un courrier lui était arrivé de la division, avec les grâces accordées pour la fête du roi, le lendemain ; afin de faire passer une bonne nuit à ces pauvres gens, il était allé à la prison militaire trouver les favorisés, entre autres, un jeune soldat, très bon sujet, condamné à mort, pour avoir tué un brigadier, étant gris et n'en ayant pas l'habitude. Tout le monde s'intéressait à son repentir et à son désespoir. On avait obtenu la commutation de sa peine et on s'empressait de le lui apprendre.

Le fait est singulier, mais c'est la vérité.

Virginie fut tout aussi lucide le reste de la soirée. Il serait trop long de tout écrire.

Quant à Alexis, il lisait les yeux bandés, nous en eûmes la preuve.

Victor Hugo arriva avec une grande enveloppe, cachetée de cinq cachets ; je m'informai de ce qu'elle contenait.

— Je ne veux le confier à qui que ce soit, me répondit-il, je tiens à le savoir seul, puisque je cherche une conviction [1]. Quand j'ai fait ce paquet, je me suis enfermé dans ma chambre afin de ne pas conserver l'ombre d'un soupçon.

Alexis, les yeux couverts de ouate et d'un double bandeau, tenant le papier dans ses doigts, lut, au bout de quelques instants, ces trois mots imprimés : *Revue de Paris*. C'était la couverture que le grand poète avait enfermée sous quatre ou cinq plis de diverses grandeurs et tous cachetés.

Le vicomte Henri de la Tour du Pin-Chambly, présent à la séance, voulut encore faire une épreuve pour lui seul. Il s'enferma dans mon cabinet, cacheta, ficela, ferma son papier et le remit au somnambule.

— Ah ! dit celui-ci, après un assez court examen, l'écriture est difficile, il y a quatre mots, je déchiffre

---

1. Victor Hugo était spirite, de par l'hérédité, disait-il. En 1810, en Espagne, le général Hugo qui combattait les guérillas, pour défendre Ferdinand VII, tout près de Brihuega, sauva, comme par miracle, son frère, le colonel Louis Hugo, qui avait été surpris par le chef de guérillas. « Seul, rapporte Mme Hugo, de toute sa compagnie, le général Hugo avait entendu à Brihuega le bruit de la mousqueterie. » (*Victor Hugo*, par un témoin de sa vie, p. 76).

les trois premiers, mais le dernier, je ne puis, il y a un pâté dessus; je lis : lisez et je...

On ouvrit; tout était vrai. Le vicomte avait écrit : « Lisez et je croirai. »

Il avait ployé trop vite, l'encre s'était étalée. Il fut bien forcé de s'avouer convaincu.

J'ai vu encore bien d'autres faits qu'on ne peut nier. J'ai connu une jeune femme, qui faisait des vers étant magnétisée, et plusieurs autres qui parlaient en dormant de choses qu'elles étaient incapables de répéter dans l'état de veille.

Le magnétisme, j'en suis persuadée, est une vérité, mais il donne lieu à bien du charlatanisme, on ne peut le nier.

CHAPITRE VII

J'avais été à Baden, et c'est dans ce voyage que je vis pour la première fois **M. Benazet.** J'avais beaucoup entendu parler de lui; on s'accordait à en faire l'éloge. Généralement aimé, il était plus estimé encore, si c'est possible. Chacun louait sa bonté, son obligeance, sa parfaite tenue; on n'était pas au-dessus de la vérité.

Il appartenait à une très bonne famille, dont l'origine était, je crois, espagnole. Son père était fermier des jeux à Paris, puis à Baden. Il avait trop du grand seigneur et pas assez de l'homme d'affaires, et ne sut pas diriger sa barque au port. Il laissa en mourant trois millions de dettes; son fils commença par les payer. Il ne voulut pas laisser l'apparence d'une tache sur la mémoire de son père.

Il fallut donc recommencer la fortune et suivre d'autres errements. Edouard Benazet continua les grandes façons de son père et, sachant les mieux régler, il donna aux plaisirs et à la ville de Baden une extension telle que ce délicieux coin du monde se transforma. Ce fut un changement absolu, à ne pas s'y reconnaître.

Baden-Baden est situé dans un pays adorable. La nature a tout fait pour lui ; il semble qu'il soit arrangé à souhait, pour donner l'idée d'un Eden terrestre. Les ruines, les forêts, les torrents, les points de vue, tout cela est juste où cela doit être, comme cela serait si on le commandait exprès. Les directeurs des eaux y ajoutent chaque année une nouvelle attraction, les plus grands artistes du monde y sont appelés. Il n'est pas un plaisir qui manque, pas une célébrité ou une élégance qui n'y arrive pendant la saison ; il faut avoir vu Baden pour s'en faire une idée.

Edouard Benazet a créé tout cela. Il a consacré toute sa vie à son œuvre, et il a tenu à l'accomplir.

Il ne pouvait souffrir qu'on lui parlât des jeux à moins que ce fût pour réparer des désastres. Une fois son travail avec ses employés terminé, tout était dit. Le directeur disparaissait ; il ne restait que *l'impresario* et l'homme du monde. Il adorait les arts, il était connaisseur et il les encourageait de tout son pouvoir. Il recevait tout le monde avec la même politesse, la même bienveillance, mais les artistes étaient ses favoris. Sans jouer au Mécène, il s'en entourait. On entendait chez lui une musique splendide. Il recevait grandement et largement ; ses amis étaient sûrs de trouver un de ces accueils qui mettent le cœur et l'esprit à leur aise. Aussi s'amusait-on extrêmement à ses réunions.

S'il eût voulu écrire ses mémoires, que de faits curieux et inconnus il eût pu y faire figurer ! Il apparaissait dans les drames, et ne refusa jamais secours et appui à ceux qui en avaient besoin.

Il a fondé à Baden un hôpital, une église ; il a tracé des routes, bâti une salle de spectacles ; il a fait des salons de la *conversation* un des lieux les plus splendides et les plus élégants du monde. Il a donné à cette ville la suprématie sur toutes ses rivales et cela sans éclat, sans se poser en rien, se tenant modestement en arrière et ne s'imposant nulle part, à Baden moins qu'ailleurs.

Marié deux fois, il a eu du premier mariage un fils qu'il a perdu de très bonne heure et qu'il a regretté jusqu'au dernier jour. Il a épousé en secondes noces sa cousine, Mlle du Pressoir, la fille de sa tante. Jolie, bonne, intelligente, remplie de talents, elle est jeune encore et ne se console pas de son veuvage : elle était si heureuse ! N'ayant point d'enfants, M. et Mme Benazet avaient pris avec eux une petite fille, Mlle de Sevaro, petite-nièce du mari.

Elle et Mme Benazet étaient sœurs de M. Emile du Pressoir qui, depuis la mort de son oncle et beau-frère, tient à Baden–Baden la place qu'il a laissée vacante.

Il l'occupe avec un grand succès, quoiqu'il ait suivi une autre route. Baden sous son sceptre est splendide. J'aurai occasion de reparler de lui et de son oncle, dans le cours de ces mémoires certainement.

D'Amvilly avait pour médecin un homme dont la carrière s'annonçait très belle; il me le présenta, en me le recommandant comme un des praticiens les plus remarquables, par leur coup d'œil, pour juger la nature des maladies et leur bonheur pour les guérir.

Pour un médecin, la chance est une qualité précieuse, la plus précieuse de toutes, d'autant plus qu'elle ne s'acquiert pas. J'en ai connu de très savants, de très habiles qui portaient la mort dans leur poche et qui tuaient les gens rien qu'en approchant d'eux. Favrot, au contraire, avait cette précieuse faculté de trouver juste le joint de la maladie. Il sauvait bien plus de gens qu'il n'en laissait mourir, en ce temps-là; depuis lors, il avait noyé son bonheur avec le reste.

Ce n'était pas un homme d'esprit, c'était un intelligent. Il a fait fausse route dans la vie, parce que chez lui les passions l'ont emporté sur le raisonnement. Il est devenu banquiste; il y était disposé, dès cette époque. Il avait la fausse idée qu'un médecin pour réussir doit faire parler de lui partout. Aussi était-il à l'affût des cas de médecine légale pour se faire des réclames; il prodiguait la science aux artistes, aux gens de lettres, qui sont les trompettes de la Renommée. Il se trompa, et n'arriva qu'à la réputation banale et vulgaire de Giraudeau de Saint-Gervais ou de Duchesne l'arracheur de dents.

Des discussions de famille l'éloignaient des siens et le jetèrent dans une société interlope qui le perdit. Il se mit à boire, comme Musset, et fit fuir la clientèle qui ne le trouvait plus dans son état normal. Hélas! le malheureux, comme le poète, en est mort prématurément.

Une destinée semblable n'implique cependant aucune similitude entre les deux caractères. Favrot était antipoétique, sceptique, positif, matérialiste même; il ignorait les rêves et les illusions. Il dépouillait toutes choses des exagérations et des chimères, et je n'ai jamais rien vu de plus désenchanté ni de plus désenchantant que sa conversation.

Il n'était ni méchant ni déloyal; il y avait même dans sa nature des côtés nobles et généreux.

La reconnaissance était son culte. Quiconque lui avait rendu un service était sûr de le trouver à l'occasion; il n'oubliait rien. Son existence fut traversée par de grands revers : ceux qui lui ont tendu la main, aux époques malheureuses, sont restés pour lui des souvenirs éternels; il leur a fait tout le bien qu'il a pu leur rendre. Ceci est rare et mérite d'être constaté.

Il possédait le courage de sa profession et bravait tout pour la science. La sensibilité lui faisait complètement défaut; il n'était attendri ni par les souffrances, ni par le dévouement; aussi a-t-il laissé peu d'amis

et de regrets. Il ne manque à personne, et nul ne
s'aperçoit pour ainsi dire qu'il n'est plus là. Triste
oraison funèbre. Il a fait de bons livres de médecine,
paraît-il, mais ils ne le sauvèrent pas de l'oubli.

On a beaucoup parlé et on parle encore souvent
du comte Alexis de Pomereu. À l'époque où j'allais
dans le monde, je le rencontrais souvent et je vis ses
premiers débuts. Il fut d'abord peu remarqué, malgré
sa position et sa fortune, mais il devint le héros d'une
aventure et l'objet d'une grande passion qui attira
l'attention sur lui.

La personne qui l'aimait n'était pas jolie, mais elle
avait infiniment d'esprit; c'était en tout une femme
supérieure, très bonne et très aimable. Elle écrivait à
merveille; j'ai vu d'elle des relations de voyage
très bien faites. On en publie souvent qui le méritent
moins.

Cette liaison finit comme les autres. Je n'en sache
point qui durent éternellement; malgré les illusions
qu'on cherche à se faire, toutes les femmes de cœur
y sont prises, ou du moins elles y étaient prises à
l'époque où on prenait l'amour au sérieux; maintenant,
ce n'est plus que de la galanterie, encore ce mot-là
ne convient guère, il est aussi *rococo* que la chose.

Tant y a que la rupture désespéra la pauvre héroïne;
elle n'y survécut que très peu de temps et ne se
consola pas.

Depuis lors, le comte a tout à fait changé de société; il s'est jeté dans les arts et dans la littérature.
Il n'a pas dédaigné lui-même de se faire imprimer,
comme certains gentilshommes du xviiie siècle qui se
lièrent avec les philosophes et l'encyclopédie, et qui
goûtèrent avec eux du fruit défendu.

Petit-fils par sa mère du marquis d'Aligre, un des
plus riches propriétaires de France, il appartient des
deux côtés à des familles parlementaires éminentes.
Les d'Aligre ont marqué dans l'histoire de la haute

magistrature; on les y retrouve au premier rang depuis des siècles.

Le comte Alexis est un de ces hommes qui comprennent la vie et qui savent en user. Il a de l'esprit, mais n'est point vaniteux; ses amis — et il en a — ne le recherchent pas uniquement parce qu'il est riche. Il pourrait, s'il le voulait, écrire de curieux mémoires; il a vu et entendu bien des choses; il a été mêlé à beaucoup d'événements.

Ses opinions sont demeurées les mêmes, en dépit de ses nouvelles fréquentations; il ne les dissimule pas et il les porte hautement. C'est un mérite par le temps qui court où les variations et les changements s'opèrent dans tous les partis.

M. de Pomereu est resté garçon; il habite l'hôtel et la belle terre de la famille, et donne des fêtes somptueuses à la campagne. Il y réunit des célébrités de tout genre.

Il a collaboré à plusieurs journaux sous divers pseudonymes très transparents; aussi on l'a deviné et son incognito est le secret de la comédie.

Parmi les femmes avec qui je suis liée, il en est peu qui me plaisent autant que la vicomtesse de Renneville. On confond souvent le verbe aimer avec le verbe plaire, et c'est une grande erreur.

L'affection — j'entends l'amitié — est fondée sur des qualités solides, sur la reconnaissance, souvent aussi par l'habitude. On s'attache aux gens quand on sent qu'ils le méritent, ou bien parce que les circonstances vous rapprochent d'eux. L'amitié se raisonne et s'analyse facilement; elle a besoin de l'estime pour être complète. On peut rester fidèle à un ami malheureux, par pitié s'il mérite ce malheur, mais une âme élevée s'éloignera immédiatement du vice méprisable s'il est triomphant.

L'amitié est le fruit d'une sympathie éprouvée, l'attrait est involontaire; c'est un entraînement dont on subit l'influence sans savoir pourquoi.

On peut aimer beaucoup de gens qui ne vous plaisent pas, de même on peut avoir un penchant réel pour des gens qu'on n'aime pas, qu'on ne veut pas aimer. Leur empire est irrésistible tant qu'ils sont présents ; dès qu'on ne les voit plus, on les maudirait presque. Le contraire se présente pour l'autre sentiment : c'est quand on est loin de ceux qu'on aime véritablement qu'on les apprécie, et qu'on se rend compte de ce qu'ils valent.

Mme de Renneville est une bonne et charmante femme d'un caractère franc, loyal, estimable. Elle ne flatte personne et dit hautement ce qu'elle pense ; elle défend ses amis envers et contre tous ; elle est féroce quand on s'attaque à eux devant elle.

En revanche, elle ne ménage pas ceux qui ne lui plaisent pas ou qui lui ont fait du mal. Avec elle, c'est œil pour œil, dent pour dent. Son esprit très prompt, très brillant, lui donne presque toujours l'avantage dans les combats de langue. Elle a le trait à l'emporte-pièce ; d'un mot, elle marque les gens et le mot reste.

Profondément bonne, dévouée, elle est prête à obliger, à protéger ceux qui souffrent. L'enfance a pour elle une attraction irrésistible ; elle doit être mère avant tout.

Elle est née, Mlle Olympe Vaillant ; elle a épousé fort jeune M. de Lascant, un gentilhomme du Limousin, dont elle a un fils, maintenant officier dans l'armée.

Les deux époux ne s'entendirent pas et ils arrivèrent à une séparation, ce but désiré du mariage du jour. A cette époque, c'était une conséquence déplorée et non pas souhaitée, même par des femmes dont le ménage ne rappelait pas le paradis. Nous n'étions pas aussi sûres de nous-mêmes que ces dames ; nous éprouvions un besoin de protection et de bonne renommée que la rupture d'un mariage nous fait souvent perdre, lorsque le monde ne prend pas la peine de connaître la vérité.

La jeune femme, restée veuve sans fortune, voulant surtout conserver son enfant, comprit qu'il lui fallait se faire un sort et qu'elle ne pouvait attendre que d'elle-même ses moyens d'existence. Elle prit le parti le plus honorable, le plus pénible aussi pour une femme accoutumée aux aisances de la vie : elle se décida à travailler.

Sans être une beauté, Mme de Lascant avait infiniment de charme, beaucoup d'esprit, beaucoup d'entregent, une volonté ferme, un courage inimitable; elle devait réussir et elle a réussi.

En ce temps-là, M. de Villemessant avait déjà inventé la réclame, mais on ne la prodiguait pas comme à présent; c'était une nouveauté, et toutes les nouveautés sont goûtées à Paris. La débutante alla trouver le futur père du *Figaro*, lui raconta sa position avec confiance et simplicité; elle l'intéressa. Il a bon cœur et il aime à faire du bien, ceci soit dit en passant. Je parlerai de lui plus tard.

Il lui promit de la guider. Il commença par lui chercher un pseudonyme et la baptisa vicomtesse de Renneville; il fut son parrain et lui a certainement porté bonheur.

Elle fit des articles de modes dans les journaux de son nouvel ami, puis dans les autres; elle étendit peu à peu sa clientèle et se créa bientôt le surnom accepté dans cette spécialité. Il se rencontra des imbéciles assez niais pour ne pas reconnaître les qualités essentiellement féminines de ses articles et pour dire, pour écrire même que la vicomtesse de Renneville était un capitaine de dragons. Je sais des gens qui le croient encore et certes, si la *Gazette rose* et sa rédactrice ont leur mérite incontestable, c'est sa grâce, c'est sa sensibilité, c'est le badinage charmant qui ne sentent pas les grosses bottes et qui révèlent, à tous les yeux, la finesse et le tact d'une fille d'Eve.

La vicomtesse est devenue l'oracle du goût; ce qu'elle décrit est adopté, ce qu'elle prône est accueilli

par toutes. Les marchands qu'elle signale font leur
fortune ; aussi est-elle pour eux comme une reine.
Elle s'intitule elle-même la reine des chiffons ; c'est
modeste, bien que ces chiffons-là tiennent une grande
place dans notre vie, et que son empire s'étende jusqu'aux pays les plus reculés.

Elle pourrait prétendre avec justice à une position
plus littéraire que celle qu'elle occupe. Elle a plusieurs
fois, sous un autre pseudonyme, écrit des chroniques
dans *Le Figaro* avec beaucoup de succès. Les causeries
du monde dans la *Gazette rose* font autorité. Il ne
tiendrait qu'à elle de se placer sur un plus grand
théâtre. Avec son esprit, *son bien dire*, comme disait
le comte de Champagne à la reine Blanche, on peut
arriver à tout.

Elle est bonne, elle est droite, elle est franche, elle
est amie véritable, ce qui vaut mieux encore, et ce
qui est trop rare en ce temps de perfidie et de trahison.
Il faut d'autant plus le remarquer.

Il est des gens à qui la célébrité arrive à un moment
donné et qui, après avoir brillé un instant comme un
météore, s'éteignent comme lui, et ne laissent plus
derrière eux qu'un reflet.

Le baron Brisse est de ce nombre. Il a eu l'adresse de
se faire un nom avec le dernier des péchés capitaux :
la gourmandise.

Grâce à ses menus publiés dans *La Liberté*, il fit
si bien qu'on en raffola. Je me suis entendu dire plusieurs fois :

— Mon Dieu, que vous êtes heureuse de connaître
le baron Brisse ; faites-le moi donc voir !

Je le connaissais en effet depuis longtemps, alors
qu'il ne croyait pas arriver à une aussi haute renommée.

En 1853, je crois, il fonda *l'Abeille Impériale*,
journal de la Cour où la littérature et la mode se
trouvaient réunies. Il vint me voir à ce sujet. C'était

déjà un gros garçon, avec une très belle tête, des traits réguliers et une voix formidable à servir de trompette dans une bataille.

Brisse est du Midi, des environs d'Avignon. Son père, commissaire ordonnateur du temps des guerres de l'Empire, épousa en Italie une très belle personne de grande maison, qui fut la mère de ce gourmet de lettres et de plusieurs filles.

Il entra de bonne heure dans les Eaux et Forêts et fut garde général à Montrichard. Tout le département de Loir-et-Cher a gardé le souvenir de ses exploits. Il n'est pas un tronc d'arbre, pas une jeune futaie qui ne le connût. Il passait sa vie à chasser, à danser, à banqueter, à rire; c'était, dans toute la force du mot, un bon vivant, un joyeux convive, un excellent camarade. On se l'arrachait; il se laissait faire et tendait à tous sa main ouverte.

Il resta assez longtemps dans cette position de Cocagne. 1848 l'y trouva et je ne sais comment, l'ambition le poussant, il voulut davantage.

Il vint à Paris et trouva le moyen, par ses relations, d'être mis à la tête de la liquidation des Forêts de la couronne. Il s'établit à l'Élysée, et se vit bientôt en rapport avec beaucoup de gens importants ou autres, que son excellente mémoire n'a pas oubliés.

Ceci n'eut qu'un temps; l'Empire lui fit d'autres destinées. Pourtant, il se fixa à Paris, tout en regrettant ses bois et sa douce vie de liberté.

Il fallait faire quelque chose. Le pauvre homme choisit ou plutôt accepta la triste profession de fondateur de journaux, sans cautionnement et à caisse vide. Hélas! hélas! quel courage est nécessaire, quelle habileté il faut pour conduire une telle entreprise!

Je dois lui rendre justice. J'ai connu plusieurs de ces méritants industriels: aucun n'avait autant de savoir-faire, non pas quant à l'invention et à la création, mais quant à la conservation et à la direction données.

Pour moi, je préférerais danser sur la corde raide comme Mme Saqui.

J'ajouterai entre parenthèses, et pour n'en plus parler, que j'ai rencontré un inventeur en ce genre qui surpassait tout ce qu'on peut imaginer. Il était parvenu sans aucun moyen pécuniaire à réunir en quelques semaines six mille abonnés pour un journal de modes, et cela par deux fois ; mais il ne les conserva point, et ils s'envolèrent comme les hirondelles. En cela, Brisse lui est supérieur : il sait faire vivre les journaux sans abonnés.

CHAPITRE VIII

Il les a tous conservés relativement avec un bonheur qui est déjà de l'esprit. Quand l'un succombait, épuisé, sur le champ de bataille, un autre renaissait de ses cendres et piaffait tout de suite sur le pavé, en tapageur et en fils de famille. Le directeur enrôlait de petits rédacteurs auxquels il donnait à dîner, puis il trouvait le secret d'avoir à côté de tout cela des noms, grâce à ses amitiés qu'il cultivait soigneusement. Méry, Paul Lacroix et bien d'autres, lui donnaient des articles. Sa bonne humeur, sa face épanouie, son regard benin, entortillaient les gens sans qu'il eût l'air d'y toucher.

Il soupait avec Roger de Beauvoir, et lui faisait improviser des vers qu'il recueillait soigneusement. C'est ainsi qu'il eut la primeur de cette pièce si touchante, intitulée : *le Rire,* que tous les journaux ont répétée, où le pauvre poète racontait ses douleurs et sa fin prochaine.

L'Abeille Impériale engendra *les Salons de Paris*, qui durèrent moins qu'elle ; puis nous vîmes poindre *la Salle à manger*, excellent titre, excellente idée, je crois, si elle avait été bien comprise et bien exploitée. Il fallait beaucoup d'argent, du luxe, de l'esprit à foison, du Brillat-Savarin ; ce journal pouvait devenir le moniteur des gourmands et le guide des maîtresses de maison.

Il ne put continuer, et le propriétaire sentit vivement la perte ; il le regretta plus que tous les autres.

Il y eut dans l'intervalle des travaux énormes sur l'Exposition ; une installation à Londres pour celle d'Angleterre, laquelle installation produisit un livre avec superbes gravures. L'activité, le courage, la persévérance de ce gros homme sont inimaginables. Il travaille sans cesse ; son imagination est dans une ébullition continuelle ; il a mille projets qu'il classe dans sa tête, et qu'il n'abandonne qu'après les avoir coulés à fond. Rien ne l'arrête, rien ne l'embarrasse. Il enlève les difficultés à la fourchette, et ne se rebute pas quand on le repousse.

D'une gaieté inaltérable, un peu trop bruyante, il reçoit en riant les coups du sort et lui tend le dos en lui faisant la grimace, comme les gamins. Bon par tempérament plutôt que par l'entraînement de son cœur, il est incapable du mal, bien que dans ses colères, il en menace ceux qu'il appelle ses ennemis. C'est une figure de rhétorique. Il hait la tristesse ; si vous pleurez, ne vous attendez pas à le voir et ne lui en veuillez pas, c'est plus fort que lui. Il lui faut une atmosphère de joie. Vrai boute-en-train, où il se trouve, il faut qu'on s'amuse ; quand il entonne, avec son baryton de stentor, un refrain quelconque, il n'est pas d'opposition qui ne cède à ce bruit. Je n'ai connu que mon perroquet capable de le faire taire ; en désespoir de cause, j'avais recours à ce moyen.

Il n'aime pas les choses de l'esprit délicat et déteste la poésie parlée. Il accepte les chansons surtout et quand elles ne sont pas collet monté. Les préjugés ne le gênent en rien et il tient à ce qu'on le sache, car il le répète volontiers; voilà pourquoi je l'écris.

Depuis qu'il est devenu le roi des cuisiniers, il est bon prince et fréquente souvent ses sujets; aussi a-t-il pris beaucoup de la queue de la poêle. C'est un magnifique mangeur; il est superbe à voir à table, dans la plénitude de sa jouissance et dans l'exercice de ses fonctions; c'est un vrai spectacle.

Ainsi que je l'ai dit, il a eu énormément de vogue, allant jusqu'à l'engouement; il avait l'air de se prendre au sérieux, lui et l'enthousiasme qui l'inspirait; il n'en était rien. Certainement, il a trop d'esprit pour cela. Il recevait, je l'ai vu, trente lettres au moins par jour, du temps de ses causeries gastronomiques de *la Liberté*. Quelques-unes allaient presque jusqu'à la passion. Des cuisinières lettrées lui écrivaient des douceurs confites, du dernier plaisant. Elles lui demandaient son portrait, et lui envoyaient le leur avec des dédicaces.

Quelques châtelaines, et de haut placées, prenaient auprès de lui des informations, le priaient de faire pour elles des achats de fruits ou de comestibles. Ceci lui donna l'idée d'une sorte de dépôt de bonnes choses, qu'il installa sur la place de Saint-Germain-l'Auxerrois. Il ne réussit pas.

Maintenant, Brisse, continue ses explorations culinaires; il est toujours oracle; pourtant, il se voile davantage et se prodigue moins. Il habite beaucoup la campagne, où il se plaît et *il opère lui-même* plus à son aise et sans crainte d'être dérangé. Il ne voit plus du tout le monde et à peine ses amis, qui sont pourtant de la meilleure espèce.

C'est un gourmand sérieux et convaincu. Il se garde de manger les fricassées qu'il détaille *con amore* aux lecteurs du *Petit Journal*. Il représente admirablement, quand il commande à une armée de marmitons. On a fait de lui des dessins, qui servent à écrire

les noms des convives, et on l'a placé dans le feu de
son travail.

Brisse est, au total, le seul spécialiste intelligent
de l'art de la gueule. Les autres sont des manœuvres,
et voilà tout.

J'ai déjà parlé plusieurs fois de *la Sylphide*, de son
génie, car elle en avait dans son petit pied si ravissant,
dans sa jambe digne d'être moulée par un statuaire.
Depuis qu'il y a des danseuses, nulle n'a atteint
l'idéal de la perfection et de la grâce, comme Taglioni.
Pour ceux qui l'ont vue et adorée, ainsi que nous le
faisions, il n'y a pas de comparaison possible ; c'est
une vision évanouie, c'est un rêve envolé que nous
ne retrouverons plus.

Tout le monde connaît l'artiste ; la femme mérite
aussi d'être appréciée ; c'est assurément une des meilleures et des plus méritantes, que j'aie rencontrées.

On a fait bien des contes sur sa naissance et sur
son origine. Voici la vérité :

Le père de Mlle Taglioni est de Milan, il vit encore
et a quatre-vingt-dix ans au moins. Sa vieillesse est
si verte et si bien conservée, qu'il y a quelques années
à peine, il fut atteint d'une cataracte. Le moment
venu de faire l'opération, il n'appela ni ses enfants,
ni sa femme. Son domestique le conduisit simplement
chez l'oculiste ; il fut opéré, et s'en revint au logis,
sans que ni l'émotion, ni la souffrance eussent causé
dans sa santé le moindre dérangement.

Dans sa jeunesse, il était danseur, mais surtout
maître de ballet distingué. C'est à lui que l'art doit sa
divine fille ; il a été son maître unique et, certes, cette
élève lui fait honneur.

Les hasards de la vie d'artiste le conduisirent à
Stockholm. Ceci se passait du temps de Gustave III,
s'il vous plaît ; ce roi que l'on a si injustement assassiné aimait la musique, les spectacles, la danse.
Il avait un des orchestres distingués de l'Europe ; le

chef de cet orchestre, Karsten, comptait parmi les favoris du monarque.

Cet artiste était père d'une fille qui, très enfant encore, a assisté à ce drame de la mort de Gustave ; elle s'en souvenait et me l'a raconté bien des fois.

Le roi ne mourut pas sur le coup ; il vécut plusieurs jours encore au milieu de péripéties, de craintes et d'espérances. Le peuple l'aimait et désirait vivement qu'il vécût. Les seigneurs le détestaient, parce qu'il s'efforçait de les amoindrir, et ce fut eux qui le tuèrent. L'amour n'y entra pour rien.

Je ne puis m'empêcher de rappeler ici une chose qui m'a beaucoup frappée.

Dans la nouveauté de Gustave III, à l'Opéra, j'y allai un soir avec mon frère ; nous arrivâmes tard, la salle était pleine. On nous plaça dans une seconde de face, que les titulaires venaient de renvoyer. Nous vîmes bientôt entrer un monsieur d'un certain âge, d'une apparence très distinguée, qui lia conversation avec nous. Il connaissait tout le monde dans la salle et sur la scène ; bien plus, il nous racontait des détails d'un grand intérêt sur la Suède, sur la cour de cette époque, sur tous les personnages du temps. Nous l'écoutions avec un véritable plaisir. Il donnait quelquefois des signes d'impatience et murmurait entre ses dents. Enfin, le tableau du bal, si gai, si entraînant, fut critiqué par lui avec une certaine assurance. Tout cela nous intriguait fort.

— Mais, monsieur, lui dit mon frère, vous paraissez connaître parfaitement ce pays et cette époque-là ?

— Parfaitement, monsieur, je les connais.

— Par ouï-dire, probablement ?

— Non pas, monsieur, par moi-même ; j'ai vu la mort de Gustave, j'étais un des conjurés. J'ai fourni bien des indications pour cet opéra, mais on ne fait pas toujours ce que je dis.

C'était le comte de Ridding, le père de Mme de

Leuven, dont Alexeandre Dumas a tant parlé dans ses Mémoires.

Revenons à Stockholm et à Mlle Karsten.

Elle passa avec son père tout le temps de la maladie du roi auprès de son lit ; elle le vit mourir ; elle assista à la pompe funèbre et racontait sur tout cela des légendes dont je voudrais bien me souvenir. C'était une personne d'esprit, bonne et fort amusante. Elle avait des observations et des mots bien drôles, et connaissait remarquablement les gens et les choses.

Taglioni l'aima ; quand elle fut une jeune fille, il la demanda en mariage et l'épousa.

Marie Taglioni vint au monde à Stockholm, elle est la fille d'un Italien et d'une Suédoise, et fut élevée, comme sa mère, dans la religion protestante.

Dès qu'elle put comprendre, son père, qui voulait en faire une danseuse, commença à la faire travailler, autant que ses petites forces en étaient capables. Sa grâce lui est naturelle, rien n'aurait pu la lui donner.

Marie Taglioni n'avait reçu de la nature aucune des qualités qui promettent une bayadère et que l'on regarde comme indispensables sur les planches de l'Opéra. Elle n'était pas belle, sa taille était un peu plate, ses bras étaient longs. En la voyant paraître pour la première fois, immobile, elle inspirait un profond sentiment de sympathie ; sa tenue modeste, ses yeux baissés, l'expression douce et candide de sa physionomie, annonçaient une personne agréable, ayant le désir de plaire, sans aucunes prétentions, bonne et d'un de ces caractères rares, où pas une aspérité ne se rencontre. Tout cela était vrai quant à la femme.

Mais la danseuse !

Elle commençait, elle levait ces bras qui nous inquiétaient : c'étaient deux guirlandes ; elle souriait, elle semblait heureuse : c'était une enfant sautant en cadence, ne se doutant pas qu'il y eût une difficulté au monde, exécutant en se jouant des tours de force, devenus des merveilles de grâce. Elle parcourait le théâtre, d'un bout à l'autre, en trois sauts ; elle volait, elle ne touchait pas la terre ; sa respiration ne devenait pas plus pressée ; son pied, un vrai bijou, paraissait aussi à son aise dans son soulier de satin que ceux d'une gentille fermière dans ses petits sabots. Et puis, lorsque cette prodigieuse voltige était finie, elle revenait sur le devant du théâtre, reprenait sa pose habituelle, sans grimaces et sans effort. Toutes les autres vous regardent lorsque leur *couplet* est achevé ; elles ont l'air de vous dire :

— J'espère que vous êtes contents. J'ai assez travaillé pour vous satisfaire ; ce que j'ai fait est tout bonnement une impossibilité vaincue.

Taglioni, au contraire, avait dans son attitude une simplicité, une naïveté même, éloignant toute idée de travail et de difficultés ; on pensait, en la voyant ainsi, qu'on exécuterait les mêmes choses sans peine, et qu'elle n'était là que pour s'amuser. Aussi n'éprouvait-on ni fatigue, ni crainte ; rien ne gênait le plaisir et l'admiration ; on ne se préoccupait pas plus de la voir danser trois heures de suite que de voir un oiseau voltiger sur les fleurs ; elle était certainement née pour cela. Jamais créature humaine n'a possédé au même degré le charme et la grâce.

C'est elle qui nous a révélé la première la danse ballonnée : ses jupes se relevaient presque par-dessus sa tête, et elle semblait la statue de la Pudeur. On ne peut se figurer ce contraste sans en avoir été témoin. Qui n'a pas vu Taglioni dans *le Dieu et la Bayadère*, dans *la Révolte au Sérail*, dans *la Sylphide* surtout, ne connaît pas la poésie de la danse. On a cherché à l'imiter sans l'atteindre, sans arriver à la hauteur de cette cheville si fine et si bien attachée, qui donnait tant de distinction à sa démarche. Sa jambe était faite au tour. Quant à ses pieds, Victor Hugo a dit beaucoup mieux que moi, en écrivant sur un livre qu'il lui envoyait :

« A vos pieds, — à vos ailes. »

Voilà ce que tout le monde sait de la sylphide envolée ; quant à la véritable femme, elle est moins connue, et elle ne peut que gagner à l'être.

Marie Taglioni a le caractère d'une égalité parfaite ; on la retrouve la même n'importe dans quelle circonstance. Elle est pleine de bienveillance ; elle est douce, elle est calme, elle n'a ni vivacités ni colères. L'intrigue lui est inconnue ; elle ne dit de mal de qui que ce soit ; elle est juste et impartiale dans les jugements qu'elle porte, même sur celles dont on a essayé de faire ses rivales.

Elle n'a pas plus de prétentions à la ville qu'au théâtre. Une fois ses ailes ployées, il n'en est plus question. Elle vit comme une autre. Elle ne fait point de bruit de ses succès. Si on lui en parle, elle n'évite pas la conversation, elle en est heureuse, sans vanité et sans forfanterie. Elle raconte volontiers, elle n'est point bavarde pourtant, elle sait écouter. Elle avoue bonnement qu'elle n'a guère appris dans son enfance que des entrechats ; elle fait des questions et cherche à s'instruire. Elle a beaucoup lu depuis sa célébrité ; cependant ce n'est pas un bas-bleu ; elle en plaisante elle-même et se moque franchement de ce qu'elle appelle son ignorance.

Personne ne cherche plus le repos et l'obscurité que Mlle Taglioni. Elle vit dans son intérieur comme une bourgeoise, et rien ne ressemble moins à l'intérieur d'une artiste que cette maison tranquille, où tout se fait à la même heure et de la même manière. Si l'on entrait chez elle sans se douter où l'on va, on se croirait chez une mère de famille bien rangée, bien obscure. On verrait un salon confortable, avec le piano classique, avec une table à ouvrage, sur laquelle sont déposés tous les instruments du travail féminin. Un métier à tapisserie est dans un coin, un fauteuil commencé par une main de fée y est attaché. Plus loin, ce sont des fleurs artificielles qu'elle a signées ; dans la chambre à côté, la table est couverte d'un merveilleux tapis, toujours fait par elle. Voici des bonnets, voici des habits d'enfants, voici des tabourets et des coffres ; c'est encore elle qui brode tout cela. Elle est fort laborieuse et s'occupe de sa maison du matin au soir.

Le caractère de Marie Taglioni est gai, elle anime tout dans son intimité. La vie de famille est sans nuages avec elle. Bien qu'elle ait été fort recherchée dans tous les pays où elle a passé, elle fuit le monde, où elle ne se plaît pas. C'est une nature de sensitive, elle se replie sur elle-même. Quand elle habitait Paris, au temps de ses triomphes à l'Opéra, elle recevait, les dimanches, sans façon, les artistes, les journalistes, des hommes du monde distingués, quelques femmes de théâtre, très peu, elle les triait fort. On ne faisait pas d'esprit dans ces réunions, on y jouait des charades et des jeux innocents. Cela ressemblait à une société de gamins en vacances. On riait, on courait comme des enfants, et Mme la comtesse Gilbert de Voisins (Taglioni venait de se marier) conduisait cette joyeuse bande avec l'élan d'une petite fille.

Les grandes représentations, les toilettes d'apparat l'ennuient. Elle sait pourtant se présenter à merveille. Elle est parfaitement convenable. Elle ne force pas à la regarder, elle se tient plutôt en arrière ; rien d'évaporé, rien d'excentrique dans ses gestes et dans son apparence ; elle passerait inaperçue partout. Ceux qui ne la connaissent pas la coudoieraient vingt ans de suite, sans se douter qu'elle a eu toute l'Europe à ses genoux.

Mlle Taglioni est riche, mais riche de ce qu'elle a gagné seulement. On comprendra cette fortune en sachant qu'elle ne dansait jamais à moins de 2,400 francs par soirée, sans compter une représen-tation à bénéfice après chaque engagement. Dans certaines villes, ces représentations lui rapportaient jusqu'à 40,000 francs.

Elle s'est retirée dans une villa délicieuse, sur le bord du lac de Côme ; elle y vit en châtelaine. A côté d'elle, une autre reine de la scène, Mme Pasta, cache sa gloire sous ces beaux ombrages.

Notre sylphide jouit d'une grande considération. Elle est fort estimée en Italie et dans toutes les cours où elle a été appelée. En Russie surtout, l'impératrice l'honorait de ses bontés particulières ; elle alla même assister à sa toilette un soir qu'elle dansait à Péterhoff, et lui faisait des présents magnifiques.

Taglioni est une personne honorable, honnête, aux goûts simples. Elle n'a que très peu de besoins et place volontiers ses économies. Elle n'a jamais mené la vie de sa profession ; elle n'a pas l'envie de briller, et on n'a que fort peu parlé d'elle hors de l'Opéra.

Elle a des amis et elle mérite d'en avoir, c'est un bon et noble cœur. Ce n'est pas une nature expansive et passionnée ; c'est une nature tendre. Elle est retenue en tout, elle hait le bruit et l'éclat. Elle fait le bien pour le faire, sans attendre la reconnaissance. Elle n'est pas prodigue ; au contraire, elle sait compter et ne dépense pas un sou mal à propos. Elle est raisonnable et n'a point de fantaisie. On a chez elle tout ce qu'il faut, rien de plus.

Ce n'est pas un esprit étincelant, c'est un sens droit, c'est un jugement qui ne s'égare pas. C'est une imagination positive. Sa conversation n'a rien de remarquable, elle dit ce qu'elle doit dire ; elle s'explique clairement, on la comprend toujours : pas de phrases ni de métaphores. Elle a beaucoup souffert en sa vie, parce qu'elle a beaucoup donné à ses affections.

Elle adore ses enfants, elle adore sa mère avec laquelle elle a constamment vécu.

Mlle Taglioni n'est point une élégante ; sa toilette est modeste, comme tout ce qui l'entoure. Elle a de fort beaux joyaux, de superbes châles, cadeaux de tous les souverains de l'univers ; elle les laisse dans leurs tiroirs et sort avec de petites robes unies que personne ne songe à regarder.

Elle marche beaucoup ; elle plante ses arbres et ses fleurs. On dit qu'elle ne regrette pas le théâtre ; on l'a cependant accusée de l'avoir quitté trop tard. Les danseuses malheureusement ne vivent « *que ce que vivent les roses,* » et les roses durent peu.

Marie Taglioni doit plus facilement se consoler qu'aucune autre de ce qu'elle a perdu. Il lui reste tant de dédommagements ! L'écho de sa gloire répète son nom chaque fois qu'une occasion se présente ; elle est partout proclamée la première dans son art. Elle vit calme et entourée, dans ce paradis terrestre, qu'elle a choisi pour demeure. Le sillon qu'elle a tracé dans ce monde restera lumineux et brillant ; l'envie même ne s'attaque pas à elle, parce qu'elle n'a point eu l'orgueil de ses triomphes et ne les a fait expier à personne.

CHAPITRE IX

Le Bosphore. — Les chiens errants. — La visite du docteur.
— Le médecin de lord Byron. — Histoire singulière d'un
mariage musulman. — L'infidèle retrouvée. — Une introduction au connak de M. Pacha. — Le château des Sept-Tours.
— L'enfant qui jette les pierres. — Les *incommodés*. — Chez
les dames. — Ces *messieurs*. — Le singulier cortège. — Les
surprises d'une Parisiènne. — Les compliments. — Le salut
oriental. — La fille du pacha. — On casse les guitares. —
Plus de chansons !

La mémoire est en certaines circonstances un grand
bienfait de Dieu. Nous aimons tous à nous rappeler le
passé; les douleurs lointaines ont même dans notre
cœur un écho adouci. On éprouve une sorte de bonheur
à sentir qu'on ne souffre plus. Les chagrins, que l'on
croyait éternels, se sont envolés sur les ailes du temps,
et, depuis lors, bien des joies les ont effacés.

En songeant aux jours heureux, il semble qu'on les
retrouve; les voyages que l'on refait en imagination
sont pleins de charme; la fatigue, les difficultés s'apla-
nissent, on ne voit plus que le beau côté des choses.
C'est une lanterne magique dont les tableaux défilent
devant nous, ornés de couleurs éclatantes et vives, à
travers le prisme de l'éloignement, de la distance.

Parmi les lieux que j'ai visités, un de ceux où je
reviens le plus souvent, c'est Constantinople.

Non pas que j'en sois plus enthousiasmée que de raison, mais parce que je n'ai rien vu depuis qui me le rappelle. Et puis je serais curieuse de savoir si ce pays, immobile depuis des siècles, a marché; si j'y trouverais de grands changements, et si je m'y retrouverais encore, comme il y a tant d'années.

Je le dis hautement, j'ai des idées particulières sur ce pays-là, qui ressemblent à des paradoxes. Constantinople est une amère mystification.

Le Bosphore lui-même, si vanté, ne répond pas à ce que l'on attend de sa réputation merveilleuse : il ressemble au lac de Côme, et celui-ci lui est infiniment supérieur.

Les montagnes qui le bordent sont nues pour la plupart; il n'y a que des pins et des sycomores; les autres arbres et les prairies sont brûlés par le soleil; les palais sont en bois peint. Tout cela rappelle trop une décoration d'opéra.

L'aspect de la ville depuis le port, quand on n'en approche pas, est imposant et magnifique.

La position est unique au monde. Quand on la voit du pont d'un navire, cette vieille cité, c'est magique.

La mer de Marmara, le détroit, la Corne d'or qui sépare Stamboul de Péra, les Turcs des chrétiens, les flèches ou plutôt les tours élancées des minarets, l'immense coupole de Sainte-Sophie, les vieux remparts crénelés tombant en ruines, le château des Sept-Tours avec ses magnifiques restes des croisades, de l'empire d'Orient, tout frappe la vue et enchante. On comprend cet Anglais légendaire, qui resta trois jours sur son yacht à contempler ce spectacle, et qui leva l'ancre sans vouloir descendre à terre, dans la crainte d'une déception.

Il m'a été donné d'admirer ce splendide tableau illuminé pendant les fêtes de Baïram, avec un feu d'artifice tiré sur le Bosphore et un arc-en-ciel lunaire après un orage. Des cordons de fer, suspendus en l'air, couraient d'un minaret à l'autre, formant autour de leurs colonnes, dans toute la hauteur, trois colliers de verres coloriés qui semblaient des pierreries. Je n'oublierai jamais cette soirée. Nos illuminations ne sont que des lanternes sourdes et nos feux d'artifice que des pétards, s'il est permis de faire une comparaison.

L'Anglais de tout à l'heure eût été satisfait, mais, en mettant le pied dans la ville, il eût été désillusionné.

Les rues sont des boyaux tortueux, sales, infects, où toutes les puanteurs de la terre font assaut de nausées. Les chiens y prennent leurs ébats par troupes. Ils y ont établi leurs foyers domestiques, et des tribus entières s'abritent à l'ombre des escaliers boîteux.

Les maisons garnies de boutiques, rarement vitrées, portent des enseignes françaises, anglaises, italiennes. La majeure partie, complètement ouvertes, sont tenues par des Grecs, des Juifs, des Turcs ou des Arméniens. On y vend de tout ce qui sent mauvais, tout ce qui est laid et sale ; même les fruits, si beaux naturellement et si peu engageants par la façon dont on les présente. Ils courent les rues entassés dans des immondices ; les mains seules des marchands en dégoûteraient pour toujours.

Je ne dirai jamais assez l'horreur de ces chemins, la fatigue que l'on éprouve, car c'est toujours là-haut, ou là-bas.

A Constantinople, le pavé édenté offre des rochers, ou des abîmes. On ne sait où marcher dans ces ruelles étroites. Et c'est là l'Orient!... C'est là l'objet de nos rêves à tous, abusés que nous sommes par l'imagination des poètes et par la nôtre qui les suit !...

J'étais appelée aussi à voir l'endroit de la médaille; et c'est justement là ce que je veux raconter.

Me trouvant un peu souffrante, on me propose un médecin. J'en demandai un français; on me répondit qu'il n'y avait que des barbiers français, mais que si je voulais un docteur anglais, on allait le prier de venir.

« — Qu'est ce docteur anglais ?

— C'est un des médecins du sultan ; et d'Assnah, sultane, assurément, le meilleur de tous. »

J'acceptai sur ce renseignement le docteur anglais. On verra tout à l'heure pourquoi je ne le nomme pas.

Il vint. Je me trouvai en présence d'un homme grand, coloré, d'à peu près cinquante ans, vêtu de la redingote turque, coiffé du fez, comme tous ceux qui appartiennent à la maison de Sa Hautesse, de quelque nation qu'ils soient. Il se présenta à merveille, traita, dans un français très pur, de ma petite maladie, entre autres choses, me parla de Paris, où il avait fait ses études. C'était à le prendre pour un compatriote.

Il revint plusieurs fois. Nous causâmes à l'infini. J'avais affaire à un homme d'un rare mérite, dont la science était la moindre de ses qualités.

Je fus très vite guérie. Le docteur ne me visita plus comme médecin, mais comme ami. Il m'en apprit plus sur la Turquie que tous les livres et que toutes les brochures. Il l'habitait depuis des années, et son histoire est un vrai roman.

Lorsque lord Byron quitta l'Angleterre pour son dernier voyage de Grèce, il voulut emmener un médecin, dans ce pays souvent désolé par des épidémies, et où l'on n'était soigné que par des empiriques. Mon docteur venait de finir ses cours avec beaucoup d'éclat. Il fut recommandé au poète, que sa jeunesse et son enthousiasme charmèrent ; il l'accepta bientôt, et ils partirent ensemble.

Le docteur s'attacha passionnément à cette nature bizarre, mais bonne au fond. Il suivit le poète dans ses pérégrinations fantasques, assista à ses préparatifs de guerre. Il faudrait des volumes pour écrire les différents épisodes qu'il me raconta ; enfin, la maladie qui devait emporter l'auteur de *Childe-Harold* se déclara. Il le soigna avec un zèle et un dévouement sans exemple, et reçut son dernier soupir.

Ce fut pour lui un désespoir horrible ; en outre de

son attachement pour lord Byron, en le perdant il perdit tout. Resté sans ressources, loin de sa patrie, dans une contrée déchirée par les dissensions et la guerre, il ne savait plus à quel moyen avoir recours, lorsque l'envoyé britannique, par une permission providentielle, s'intéressa à sa situation.

Il allait le renvoyer en Angleterre, bien et dûment recommandé pour qu'il se fît un avenir, lorsqu'un dignitaire turc arriva sur un bâtiment; apprenant la présence du jeune médecin, il lui proposa de venir avec lui à Constantinople. Le padishah n'avait pas auprès de lui un seul homme véritablement instruit; il désirait vivement attirer chez lui quelque praticien habile et, certainement, il donnerait beaucoup à celui qui consentirait à se fixer dans son palais. Son titre de médecin et d'ami de Byron lui ouvrirait toutes les portes et lui servirait de recommandation.

Il accepta et passa ainsi, subitement, d'un camp dans l'autre. Le grand seigneur — c'était Mahmond — le reçut comme un envoyé de Dieu. Il lui promit de très forts appointements, le combla de présents, et lui accorda toute sa confiance, sans cependant se départir de cette prudence, qui donna tant de force à ses résolutions, qui le conduisit au massacre des janissaires, le coup d'Etat le plus audacieux qu'ait offert l'histoire de l'empire ottoman.

Ce massacre est un drame tout entier, et peu connu en Europe dans tous ses détails. Il est au moins aussi *accidenté* que la destruction des Strelitz par Pierre le Grand.

Mon docteur se sentait bien fort au milieu de ces honneurs ; il cherchait des amis, il trouva l'amour. Une belle jeune fille, arménienne et catholique, le remarqua dans les réunions de Péra, le faubourg chrétien. Il en fut bientôt profondément épris et la demanda en mariage. Les parents n'eurent garde de la refuser. Il l'épousa, mais son bonheur fut de courte durée. Sa femme le quitta pour des discussions religieuses; et plus jamais il ne la revit, malgré ses recherches dans tout l'empire.

Resté seul à Constantinople, où sa position se confirmait de plus en plus, Mahmond l'aimait beaucoup, et voulait le voir chaque jour. Il l'accompagna même dans la dernière promenade au kiosque de la Corne d'or où il mourut. Le docteur m'a raconté de singulières particularités de cette mort.

Il est remarquable que ce médecin ait reçu le dernier soupir de lord Byron et celui du sultan Mahmond, deux des hommes les plus célèbres de ce siècle.

Sa vie s'écoulait sans bonheur et sans chagrins nouveaux; il en contracta une mélancolie dont rien n'a pu le guérir. Il visitait les plus grands personnages, sa fortune augmentait; il s'en réjouissait pour ses fils. Quant à lui, tout lui était indifférent.

Un jour, il fut mandé dans le harem d'un des plus grands pachas de l'empire; une des femmes se mourait et, après avoir vainement mandé tous ses confrères, on avait recours à lui.

Il arriva promptement; il aimait son art et tous ceux qui souffraient avaient droit à ses soins empressés. On l'introduisit près de la malade qui n'avait plus conscience d'elle-même. C'était sa femme! Il la reconnut, malgré son affreux changement; ce n'était plus que l'ombre de cette beauté si célèbre. Le pacha était auprès d'elle, fort désolé!... Le pauvre vrai mari, frappé au cœur, s'aperçut bientôt que celui-ci ignorait complètement les liens qui l'unissaient à cette femme. Comment? pourquoi? C'est ce qu'il ne sut jamais. Il est facile de comprendre ce qu'il éprouva, et quel combat se livra dans son cœur. Une réclamation n'était pas sûre. Il aurait pu s'en repentir d'ailleurs; pourquoi réclamer une créature perdue dont il rougissait? Ses fils ne pourraient plus la reconnaître, et il deviendrait la fable du monde en la reprenant.

Il ne fallait pourtant pas la laisser mourir. Il employa tout son art à la sauver, mais n'y parvint pas.

Elle succomba sans être revenue à elle, et sans savoir qui l'avait soignée. L'excellent homme en eut un chagrin plus réel ; cependant il préférait la voir morte que vivante en de telles conditions.

Par sa situation, par ses liaisons avec tout ce que la ville renfermait de personnages, il était plus à même que personne de me guider dans mes excursions. J'avais le plus vif désir de visiter un harem ; il me promit de m'en faciliter l'entrée. Le pacha de l'Asie Mineure était dans son gouvernement ; il n'avait emmené que deux de ses femmes. Les autres étaient restées à Stamboul et le docteur les connaissait beaucoup.

Il leur causa de moi. Elles répondirent qu'elles seraient charmées de voir une Française. Le jour fut pris ; une dame grecque, qui parlait assez bien notre langue, consentit à me servir d'interprète, et, par un beau matin de septembre, nous montâmes en drockky pour nous rendre, ainsi que cela était écrit sur ma lettre d'introduction :

« *Au connak de M. Pacha.* »

Il faisait un temps splendide ; l'air semblait être de cristal ; à peine était-il huit heures du matin et déjà le mouvement de la grande ville se faisait sentir. Nous descendîmes de l'hôtel d'Angleterre à pied jusqu'à la Corne d'or.

Nous gravîmes un des ponts tournants qui la traversent et qui formaient de superbes cascades. Après un trajet assez long, nous arrivâmes à la maison où l'on nous attendait, située non loin du château des Sept-Tours.

De grands murs l'entouraient. On eût dit un couvent. La porte en était fermée, mais dès que la voiture se fit entendre, elle s'ouvrit comme par enchantement.

Nous descendîmes dans la rue, et au même instant passaient deux femmes du peuple avec un enfant.

Celui-ci ramassa des petites pierres qu'il nous lança, tandis que les femmes crachaient sur nos robes avec indignation, en marmottant quelques mots qui signifiaient, nous dit-on :

« Chiennes chrétiennes ! »

C'est ainsi qu'on nous aimait à Stamboul, dans ce temps-là.

Nous en rîmes beaucoup, tout en cherchant les traces de ce mépris. Nous n'en vîmes pas : ce n'était qu'un simulacre heureusement.

La porte se referma vite derrière nous, et nous nous trouvâmes dans une cour assez vaste et très nue.

A droite et à gauche, deux escaliers ouverts, dont le toit, soutenu par des colonnettes de bois sculpté, descendait en pente. Plusieurs hommes nous attendaient ; l'un était le fils du pacha, qui nous reçut fort poliment en pantomime. Les autres — ceux qui tenaient la droite surtout — étaient de ceux que la duchesse de Longueville appelait des *incommodes*, et dont l'aspect et la voix semblent si étranges quand on n'en a pas l'habitude.

Le jeune homme, après toutes les révérences, donna l'ordre qu'on nous conduisît chez les dames. Ces *messieurs*, perchés sur l'escalier, firent la révérence à leur tour. C'était le moment de leur importance : désormais nous leur appartenions. La troupe masculine disparut avec le maître par l'escalier de gauche, tandis que nous gravissions l'autre, précédées de nos introducteurs.

Un premier palier, fort large, et entouré de sièges en bambous. Nous allions reprendre une autre section de marches quand nous vîmes descendre une jeune femme suivie de plusieurs esclaves, qui venait au-devant de nous.

Je fus très frappée de ce cortège. La jeune femme, particulièrement, ressemblait si peu à ce que je m'attendais à voir que je ne savais comment l'aborder.

Elle pouvait avoir vingt à vingt-deux ans, petite,

mignonne, mince, avec des cheveux et des yeux noirs ;
son visage n'offrait aucune régularité ; mais elle avait
infiniment de grâce, — chose fort rare en Turquie, —
et chose encore plus rare, sa physionomie exprimait
une intelligence vive, et même une sorte de mutinerie
que n'eût pas désavouée une Parisienne.

Elle nous fit des compliments de bienvenue, avec
une voix douce comme une musique. La langue turque
a une grande harmonie, dans la bouche des femmes
surtout. Puis elle nous fit ce ravissant salut oriental,
qui est au nôtre ce qu'une caresse est à un signe, et
qui consiste dans trois mouvements de la main,
accompagnés d'une inclination assez profonde. On se
touche d'abord le front, puis les lèvres et l'on descend
jusqu'au cœur ; c'est plus qu'un geste, c'est une promesse, c'est une offre.

Le costume de notre hôtesse et de ses suivantes ne
ressemblait en rien à ceux de l'Opéra ou des gravures.
Il était assez laid et fort incommode surtout.

On leur met d'abord une chemise de soie brochée
de trame. Elle est courte, ouverte par devant avec de
longues et très larges manches sans poignets. On voit
le bras à travers. Par-dessus la chemise, est une
culotte courte qui laisse les jambes nues. Le pied est
chaussé de babouches. Elles ont encore une espèce de
petit gilet ou plutôt de brassière, très courte aussi de
taille et très décolletée. Leur poitrine est du reste ce
qu'elles cachent le moins.

Par-dessus tout cela est la robe, la principale pièce
de l'accoutrement assez difficile à décrire.

C'est une sorte de fourreau parfaitement collant
derrière, sans taille ni plis du haut en bas. Il se divise
en deux parties, étant fendu des deux côtés depuis le
bas jusqu'à la hanche. Cette robe dépasse les pieds de
plus d'un demi-mètre et forme derrière une queue
carrée, et plate par devant. Ces deux morceaux retombent aussi et sont du dernier gênant pour marcher,
d'autant plus que l'étoffe, toujours très raide elle-

même, est doublée d'une sorte de toile empesée, aussi dure que du bois. Les esclaves, obligées d'aller et de venir, relèvent ces trois queues dans l'écharpe qui leur sert de ceinture; cela les rend plus lestes, et ôte à ce costume la raideur qui le dépare. Le tissu n'est qu'une sorte de toile peinte; on le double fort légèrement, ce qui permet un peu plus de souplesse.

Mais les dames, qui ne bougent guère, il est vrai, laissent traîner leurs vêtements et je ne saurais vous dire quelle disgrâce elles ont. C'est le bel air, à ce qu'il paraît.

Leur coiffure est une tignasse mêlée; elles y mettent des faux cheveux mal rassortis, ce qui est d'un effet étrange. Elles portent comme les hommes, en manière de fez, une petite calotte rouge avec un gland bleu; elles tortillent autour de leur tête, non pas des cachemires ou des brocards, mais de mauvais petits fichus imprimés sur du canevas ou du calicot, qui se vendent vingt-cinq sous dans nos foires de village. Avouez que c'est là un singulier goût.

Je parle du présent, j'oublie le temps. Depuis lors, la mode a dû changer; elle a tant changé chez nous!

La jeune femme qui nous recevait avec une telle courtoisie était la fille aînée du pacha, et s'appelait Ehminch. Elle avait été mariée, comme on se marie dans son pays, sans se voir ni se connaître. Son père était un homme à idées larges; il admettait le progrès et accordait à ses femmes, à sa fille, une liberté relative.

La jeune Ehminch, intelligente, vive, chercheuse, étendit autant qu'elle le put le registre de ses connaissances. Elle apprit à chanter, à jouer de la guitare; elle eût voulu savoir ce qui se passait ailleurs que dans les murs du harem. On la maria à un vieux Turc encroûté qui cassa les guitares, défendit les chansons, prescrivit les récits étrangers et la condamna enfin à l'oisiveté perpétuelle, à la nonchalance et à l'hébétement.

Ehminch n'entendait pas vivre ainsi et son parti fut pris très promptement.

Les femmes turques qu'on nous représente comme des esclaves ne le sont point. Leurs droits, sous beaucoup de rapports, sont bien mieux sauvegardés que les nôtres.

CHAPITRE X

Lorsqu'un homme se marie, il doit prouver que sa
fortune le lui permet, c'est-à-dire qu'il donnera à sa
compagne la même existence que celle qu'elle menait
chez ses parents. Les jeunes filles se marient parfaitement sans dot. Quand elles en reçoivent une, cette
dot leur appartient personnellement : nul, pas même
le chef de la communauté, n'y peut toucher jamais ; le
revenu est à elles, sans contestations possibles.

Le mari riche ne leur refuse rien ; elles achètent du
matin au soir, sans se préoccuper des prix. Elles restent des journées entières dans les bazars à se faire
montrer des étoffes et des pierreries. Elles y mangent,
elles y boivent, elles y fument leurs narghilés. On
leur apporte sans cesse chez elles de beaux colifichets,
qu'elles gardent s'ils leur conviennent.

Si la vie conjugale ne leur plaît pas, si elles ne se

trouvent pas heureuses, elles s'en vont, sans tambours ni trompettes, et retournent chez leurs parents. On leur rend leur dot et tout est dit.

Ehminch était dans ce cas-là. Son seigneur et maître la tourmentait; elle s'en est débarrassée et qui que ce soit ne l'a trouvé mauvais. Son père l'a reçue, sa mère l'a reprise; elle a vécu libre près d'eux, ce qui ne l'aurait pas empêchée de se remarier si elle l'eût voulu. Elle l'a peut-être fait. Sa réputation n'en a pas souffert. Ces femmes-là n'ont pas cet éternel chapitre de la réputation, si important chez nous. La réputation est une de ces fleurs qui s'étiolent au moindre souffle, qui succombent dès que le vent les effleure et qu'on empoisonne en les touchant.

Là-bas, point de cela.

La fille du maître, après le charmant salut que j'ai dit, me prit sous le bras et me fit monter. Elle se tenait à côté de moi et me parlait sans cesse, avec cette douce voix qui me plaisait tant. La dame grecque me traduisait ses questions, toutes d'un style oriental très parfumé. Les formules embaument; c'est une poésie toute brillante, quoique un peu monotone.

Nous arrivâmes dans une sorte d'antichambre très vaste; un grand divan la garnissait tout autour; deux ou trois enfants jouaient sur les coussins; ils ne se dérangèrent pas.

On m'introduisit dans la salle principale du harem, soutenue par des colonnettes de genre moresque, tout cela peint de couleurs très vives et très voyantes. Les ornements et les arabesques tranchaient sur le fond; au bout de la pièce, du côté opposé aux fenêtres grillées, était une haute jardinière à plusieurs étages, remplie de fleurs merveilleuses. Au milieu, dans une vasque de marbre blanc, un petit jet d'eau retombait en bruissant, et entretenait une fraîcheur que l'on aurait en vain demandée à ces murailles de bois, imprégnées des rayons d'un soleil brûlant.

L'inévitable divan, recouvert d'un brocart jaune et

argent, s'appuyait aux murailles, tandis qu'un autre beaucoup plus bas, touchant presque le tapis, lui servait de tabouret.

Sur le divan étaient à demi couchées les deux femmes du pacha qui restaient à Constantinople.

La première, la mère d'Ehminch et du jeune homme que j'avais vu en bas, avait les cheveux presque blancs ; son visage régulier exprimait une bonté insouciante ; très grasse, et n'ayant pas à son service les secours d'un corset, elle présentait l'aspect d'une pile de coussins surmontée d'une tête et ruisselant de toutes parts.

Son costume, à la couleur près, était le même que celui de sa fille. On ne voyait son écharpe-ceinture que par derrière, qui sortait des arcanes de sa poitrine et de son ventre, comme une fleur dont le cœur est enseveli sous les terres pour reparaître ensuite au grand jour.

Cette femme, qui s'appelait Zeïla, était la reine du logis. Les femmes turques ont encore sur nous cet avantage que plus elles vieillissent, plus elles sont considérées, respectées, chéries. On les vénère, on les adore, tout le monde est à leurs ordres. Elles prennent tout au plus la peine de manger seules. On les laisse tout juste marcher. On les porterait au moindre signe de leur gant. Leurs désirs sont des ordres ; les eunuques mêmes ne leur résistent pas, et le maître leur parle avec une déférence qu'il n'a pour personne.

Avouez que cela ressemble bien peu à nos habitudes, et que toutes nos vieilles femmes devraient s'embarquer pour ce paradis.

A côté de Zeïla était Fathma, la seconde épouse, qui devait avoir à peu près quarante ans. Ses fils habitaient cette maison et venaient souvent voir leur mère. Celle-là était une héroïne. Elle en était très fière, et lorsqu'elle me raconta son histoire, plus tard, son regard étincelait d'orgueil.

Du temps de la guerre de Grèce, le pacha avait commandé dans une ville que les insurgés assiégeaient. Pour mettre ses femmes et ses trésors en sûreté, il les avait cachés dans un îlot, à une assez grande distance en mer, où se trouvait sur le rocher un petit fort, à peu près imprenable, si l'on avait les munitions nécessaires pour le défendre.

La ville fut prise, le port bloqué. Un navire observait le fortin où les femmes étaient seules avec quelques soldats ; d'abord on ne songea pas à eux, mais quand le vaisseau s'avança vers cette facile proie, une terreur générale saisit la garnison et les habitants. Fathma seule ne perdit pas la tête. Elle encouragea les uns et les autres ; elle fit placer le long des remparts très élevés des turbans sur des bâtons. Ils semblaient se cacher à dessein. L'ennemi crut à une garnison considérable, à une défense désespérée, et, après délibération, décida qu'on ne devait pas perdre, pour cette bicoque, son temps, ses hommes et sa poudre. On plaça de petits bâtiments légers en observation, afin de bloquer la place et de n'y pas laisser entrer de vivres, et puis l'on attendit que la faim, les nécessités de toutes sortes obligeassent les assiégés à capituler.

On resta ainsi quelques jours. La vaillante amazone espérait voir arriver son mari et comptait sur sa délivrance.

Mais rien ne venait.

La garnison perdait patience et déclara un soir qu'elle allait abandonner la forteresse à son malheureux sort. Une assez grande barque mise en réserve pour les besoins des soldats fut sortie de sa cachette, radoubée et préparée à tenir la mer pendant quelques heures au moins.

Fathma essaya vainement de les rappeler au devoir ; ils ne lui accordèrent que la permission de les suivre.

Ils consentaient à ne pas l'abandonner ; il fallait

bien en passer par là, ou rester tout à fait seule dans cette *Robinsonnière*, où elle aurait infailliblement péri.

Elle se résigna et s'embarqua la nuit suivante avec ses compagnes et leurs défenseurs. Ils n'abordèrent que trois jours après sur le territoire turc, ayant essuyé une tempête affreuse.

La jeune femme fut rendue à son époux, dès la guerre terminée. Il eut toujours pour elle une estime particulière. Il me parut que le caractère viril et décidé avait survécu à la jeunesse. Ses esclaves la craignaient comme le feu, car elle les maltraitait.

On sait qu'il y a des romans jusque dans les harems.

J'y trouvai bien autre chose, ainsi qu'on le verra bientôt.

Les présentations faites, on nous offrit tout d'abord les *dulcus*, c'est-à-dire des confitures dans un grand pot de cristal, placé sur un plateau avec des verres remplis d'eau, et des petites cuillers. Chacun prend une cuillerée de confitures, boit ensuite deux ou trois gorgées d'eau. Les *dulcus* se font habituellement avec des feuilles de roses ou du jasmin, des épines-vinettes, du raisin, mais plus de fleurs que de fruits.

Ces conserves sont écœurantes à force de sucre.

Cette cérémonie des *dulcus* se répète plusieurs fois par jour, et particulièrement lorsqu'il arrive un visiteur, c'est-à-dire une visiteuse.

On ne manqua pas de m'offrir aussi un narghilé, autre préliminaire de toute hospitalité orientale. Le tabac turc, si estimé des fumeurs, est ordinairement insupportable pour ceux qui ne le fument pas; il exhale une odeur âcre et forte qui prend à la gorge et fait tousser d'une façon douloureuse. Celui des femmes n'a pas cet inconvénient: d'abord, la fumée s'épure dans un vase plein d'essence parfumée, et les feuilles sont mélangées d'une foule de plantes odorantes. Ce qui y domine le moins, c'est le tabac.

7.

La pipe et les *dulcus* sont le fond des occupations importantes du harem. Ajoutez-y la toilette, tant que les femmes sont jeunes, les conversations et les commérages, qui ne manquent pas plus que chez nous, vous aurez le programme à peu près complet

Je m'étais assise sur le divan, à côté de Zeïla ; elle me parlait sans cesse et me regardait encore plus. Mon chapeau, ma robe étaient des objets de curiosité pour elle et pour les autres habitantes du connak. Je vis mon interprète sourire à une question et répondre avant de me l'avoir traduite.

— Qu'est-ce ? lui demandai-je.

— Je ne sais si cela vous conviendra, mais elles ont un désir ardent de voir votre corset ; c'est pour elles une chose inconnue ; elles vous supplient de vous déshabiller.

Je me mis à rire comme la dame grecque dont j'ai oublié le nom de famille, mais son nom de baptême était Cléopâtre. La proposition me semblait drôle ; je crus ne pas devoir refuser néanmoins. Ce fut une joie. Toutes m'entourèrent pendant qu'on m'ôtait ma robe, mon fichu, et qu'on délaçait mon corset.

Elles s'en emparèrent aussitôt, avec force exclamations, et se le passèrent de mains en mains. Toutes parlaient à la fois, et leur étonnement ne peut se décrire.

Comment supportais-je ces baleines, ce busc ? Comment pouvais-je être gênée ainsi ? Comment mes mouvements étaient-ils libres ?

Je répondis de mon mieux à ces objections, et, après avoir tourné et retourné ce malheureux corset, elles me le rendirent. Il me fut permis de le remettre. A chaque œillet que l'on serrait, elles poussaient des cris de stupéfaction, et s'attendrissaient sur mon sort.

Pour ce premier jour, il n'y eut pas de nouvelle exhibition.

L'interrogatoire continua, et très minutieux, je vous le jure. Elles voulaient tout savoir. Elles avaient souvent rencontré des Européennes, mais j'étais la première qu'elles eussent reçue et à qui elles eussent parlé ! La vie que nous menons, notre intérieur, les bals, les fêtes, les spectacles, notre mari, nos enfants, il fallut leur expliquer tout cela.

Elles s'informèrent aussi de ce Paris, la ville des merveilles, Paris qu'elles se représentaient comme un séjour enchanté ; elles m'écoutaient avidement, lorsque je leur racontais les beautés qu'il renferme, Ehminch surtout, mais son attention se traduisait par le silence.

— J'y voudrais bien aller à Paris... m'emmèneriez-vous ?

— Sans doute, si cela se pouvait.

— Cela se peut, je suis libre. Mais y a-t-il des mosquées à Paris ?

Il n'y en avait point. Je répondis :

— Non.

— Alors, reprit-elle, je ne puis pas m'y rendre. Je ne saurais vivre sans une mosquée, sans faire chaque jour ma prière. C'est dommage.

L'interprète me traduisait promptement la conversation, et la physionomie de la jeune femme était si expressive que je la comprenais d'avance. Elle m'intéressait vivement ; c'était une intelligence et un cœur d'élite. Si l'éducation avait passé là-dessus, elle fût devenue une femme supérieure, je n'en doute pas.

Ce fut à mon tour de questionner et de m'étonner des réponses.

Leur existence ne leur déplaisait pas. Elles n'en rêvaient pas d'autre ; elles étaient heureuses ainsi.

— Et la jalousie ? dis-je, comment pouvez-vous consentir à avoir un mari pour quatre ?

— Et vous, riposta promptement Ehminch, vos maris n'ont-ils pas des maîtresses ? Ils vous trompent, c'est encore pis ! Les nôtres ne nous trompent pas : nous sommes élevées dans la pensée que nous aurons des compagnes, cela nous paraît tout simple.

D'ailleurs, plusieurs seigneurs de l'Etat n'ont qu'une femme, Rechie Pacha, entre autres ; vous verrez que bientôt cela deviendra à la mode comme chez vous.

La prophétie s'est réalisée, m'a-t-on dit.

— Et vos esclaves ? repris-je, sont-elles les maîtresses de vos maris ?

— Non, pas les nôtres, jamais et sous nos yeux. Nous ne le souffririons pas. Ils en ont souvent hors de notre maison. Nous ne pouvons les en empêcher, mais nous ne nous en apercevons pas. Ils ne prendraient rien sur le bien-être de leur maison et de leur femme pour donner à leur maîtresse. Il me semble qu'en France les hommes ne sont pas si délicats...

Tout ceci était dit avec cet accent si doux et cette voix caressante, mais avec une véritable conviction, avec sincérité. Elle défendait son pays et ses institutions contre les préventions du nôtre. Sa mère, de temps en temps, ajoutait un mot qu'elle écoutait respectueusement, mais qui n'avait pas pour nous la même portée. Chez la vieille femme c'était de la routine, chez la jeune c'était presque une religion.

Je ne prétends pas affirmer que les femmes turques ne soient pas jalouses. Elles le sont beaucoup, quoique pas à notre manière. Elles sont plutôt envieuses de la toilette, des avantages des autres ; excepté lorsqu'il s'agit de leurs enfants, le cœur n'y entre pour rien.

Quant aux hommes, ce n'est pas non plus ce que nous supposons.

Ils n'enferment pas leurs femmes seulement parce qu'ils craignent d'être trompés, c'est surtout par un sentiment de respect très profond. Ils cachent leurs femmes comme nous cachons nos reliques, afin qu'un œil profane ne les souille pas ; aucun être ne leur paraît digne de les approcher.

Il est très rare qu'un Turc n'ait pas pour ses femmes les égards les plus attentifs et qu'il soit mauvais mari. Il ne se dispute jamais avec elles ; sa volonté est acceptée sans conteste pour les grandes choses. Il les laisse absolument libres, quant aux petites.

Bien qu'ignorantes comme des carpes, certaines de ces femmes sont très capables et douées d'un sens véritablement droit. Elles ont de la finesse et de l'habileté. On en a vu prendre beaucoup d'empire même sur des hommes distingués. Roxelane n'est pas un mythe, elle a eu des imitatrices.

Tout cela me parut bien étrange, je l'avoue; je me demandais si je ne rêvais pas. Toutes mes idées étaient bouleversées à l'endroit de ces recluses que je ne trouvais pas si à plaindre, je l'avoue. Si le bonheur est l'absence des maux, comme l'a dit un philosophe, elles sont plus heureuses que nous, car elles ont moins de soucis.

La prétendue claustration où on les tient, c'est encore un mensonge.

Elles sortent tant qu'elles veulent, et vont où elles veulent, avec leurs eunuques et leurs esclaves.

Trois jours par semaine, elles avaient une sorte de Longchamp, ou du moins de point de réunion. Je ne sais s'il en est encore ainsi.

Le mardi, c'était aux eaux douces d'Asie, lieu charmant près du Bosphore, où la verdure est d'une fraicheur sans pareille. Et quels beaux arbres !

Le vendredi, à la place du Séras-Kiev. Nous y reviendrons tout à l'heure.

Le samedi, aux eaux douces d'Europe, au fond de la Corne d'or, où le sultan a un kiosque.

Tous les harems du Bel-Air vont défiler dans leurs voitures, à la suite les uns des autres... Je vous conterai cela quand j'aurai achevé la conversation, très intéressante, que j'eus dès ce premier jour avec mes hôtesses.

Elles s'informèrent avec empressement si je savais lire et écrire, et comme on leur répondit affirmativement :

— Vous êtes bien heureuse, soupira Ehminch. J'apprends à lire, mais je ne sais pas encore couramment.

Elles étaient également stupéfaites que je pusse me trouver aussi loin de chez moi, sans personne de ma famille et sans une suite nombreuse. Elles eurent, je crois, une très mince opinion de mon importance quand je leur appris qu'une seule femme composait tout mon train. Elles se regardèrent sans rien ajouter. Les Turcs sont fort polis. Ils ont l'instinct de l'hospitalité, et savent deviner jusque dans les plus petits détails ce qui peut plaire à leurs hôtes ou les blesser.

Les femmes, même sans éducation, le comprennent parfaitement.

Les parfums d'Orient sont plus brutaux que les nôtres, si l'on peut s'exprimer ainsi. Ils pénètrent jusqu'au cerveau et engendrent des maux de tête. Une fois que l'odeur est imprégnée chez vous, elle devient indélébile. On ne peut plus s'en défaire. C'est une telle habitude qu'on ne s'en aperçoit pas.

Les femmes adorent nos essences et nos pommades. Elles s'empressèrent de me les montrer. Je leur donnai un flacon de vinaigre anglais, dont elles furent ravies. Elles ont du reste de grandes richesses en ce genre, et ne se font pas faute de s'en servir. Leurs tables sont couvertes de cosmétiques et de teintures pour le visage ou les mains. Elles ne s'en cachent nullement ; cela fait partie du costume, comme le rouge en Europe au xviiie siècle.

L'heure du bain était arrivée.

CHAPITRE XI

J'avais déclaré ma résolution de vivre de leur vie, afin de savoir au juste à quoi m'en tenir ; on me demanda donc fort poliment si je voulais passer à l'étuve. Je m'y décidai, ne me doutant pas de ce qui m'attendait, je l'atteste.

Je suivis Zeïla, qui marchait devant.

— Prendrez-vous le bain ? me dit Mme Cléopâtre.

— Pourquoi pas ? Je veux essayer de leurs habitudes pour m'en rendre mieux compte.

— Vous ne le supporterez peut-être pas.

— Ne pas supporter un bain, madame, est-ce que nous n'en prenons pas sans cesse chez nous ?

J'étais fort offensée que cette Grecque nous supposât non coutumiers du fait.

— Ah ! ce n'est pas la même chose...

On ouvrait la porte ; j'entrai tout en continuant la

conversation ; j'étais suffoquée avant d'avoir fait deux pas ; je me rejetai précipitamment en arrière ; j'étouffais. L'enfer doit ressembler à cela, certainement ; si j'y fusse restée seulement dix minutes, j'y serais morte. La chaleur était telle qu'on en perdait la respiration.

Malgré les supplications et les prières, je ne pus me décider à entrer ; je retournai à la chambre qu'on me destinait, où se trouvaient un lit de fer assez étroit, un peu dur, sans rideaux, ainsi que cela se pratique dans les pays chauds, et quelques sièges à l'européenne ; on avait poussé l'attention jusque-là.

Sur une table de fort belle marqueterie était posée une curiosité remarquable, une aiguière turque et sa cuvette, d'une forme merveilleuse, en vieux saxe royal. Je n'eus garde de laisser voir mon admiration. On n'aurait pas manqué de me les offrir.

Les murs de ma chambre étaient peints en bleu et rouge, de tons criards ; j'avais un beau tapis de Smyrne, et un magnifique bouquet sur un de ces tabourets ronds, en bois simple à jours. Le vase de Chine qui contenait les fleurs aurait pu cacher un enfant.

Nous restâmes toutes deux chez nous, la dame grecque et moi, pendant environ une heure. Une fort belle esclave vint nous prévenir que ses maîtresses nous attendaient. Je m'expliquai alors la vieillesse précoce et la *déformation* des femmes en Turquie. A vingt-cinq ans ce sont des hippopotames, et leurs chairs, dilatées outre mesure, ne connaissent plus ni entraves, ni soutiens. Elles sont bouillies comme des pommes de terre à la vapeur, — je ne saurais pas trouver de meilleure comparaison.

On m'annonça une promenade à la place de Séras-Kiev, où le sultan allait justement faire ses dévotions à la mosquée de Bajazet, située sur la place même. C'était le vendredi, « jour de ce Longchamp » et chaque vendredi, pendant le rhamadan ou ramazan

— carême turc — l'empereur se rend à une mosquée différente.

C'est d'obligation ; elle est toujours désignée d'avance, afin qu'on puisse se trouver sur son passage. Il y reste ordinairement quatre ou cinq heures, mais il ne prie point pendant tout ce temps. Il existe un appartement impérial dans chaque temple. Sa Hautesse y tient son conseil ; de là ses édits datés de Sainte-Sophie, ou de Soliman ou du sultan Achmet, etc.

J'étais enchantée de la proposition, et je me promettais un vrai plaisir de cette excursion, en pareille compagnie.

Le costume des femmes dans la rue n'est plus du tout le même que celui de la maison. Je vis habiller Elminch et sa mère sans pouvoir m'abstenir d'observations quelquefois un peu critiques.

— Comment, dis-je, entre autres, comment pouvez-vous voiler si soigneusement votre visage et laisser plus que deviner, ainsi que vous le faites, votre poitrine et vos épaules ?

— Oh ! me répliqua Zeïla en riant, ici, pourvu qu'on cache son nez, le reste ne nous inquiète pas. Pourrez-vous supporter l'arrabas ? Nous n'avons pas d'autre voiture à vous offrir.

Qu'est-ce que l'arrabas ? Je vais m'empresser de vous l'apprendre.

L'*arrabas* est une espèce de char ordinairement peint en bleu de ciel, semé de guirlandes de roses : rien n'est plus Pompadour quant à la couleur. Le reste est digne de nos rois fainéants. L'arrabas, entièrement en bois, n'a pas le moindre ressort. Les panneaux, travaillés quelquefois avec goût, souvent avec magnificence, ne montent qu'à hauteur d'appui à droite et à gauche. Le devant et le derrière restent ouverts.

Des espèces de colonnes entourées de rideaux presque toujours tirés soutiennent un dais, en étoffe plus ou moins riche, suivant la fortune du propriétaire. Le char, attelé de deux bœufs soumis au joug et parés de guirlandes, offre un aspect original. Chaque bœuf porte au-dessus de la tête une sorte d'arc bridé et recourbé par le bout, haut de trois ou quatre pieds. Trois longs cordons de soie, coupés de distance en distance d'énormes glands et de gros nœuds, y sont attachés.

Les *coursiers* ont du front jusqu'au museau une pièce d'étoffe fort riche, échancrée pour les yeux et brodée de perles et de pierreries. Une énorme houppe, aussi de soie, leur sert de coiffure. Auprès de ces tranquilles animaux, des serviteurs et des eunuques se tiennent rangés. Leurs fonctions consistent à empêcher l'approche de tous. Si on regarde leurs maîtresses de trop près, ils se fâchent. Quant à elles, elles ont des yeux assassins, — je dirais presque effrontés. On m'a assuré qu'elles n'y entendaient pas malice.

Il y a encore la voiture turque, qui ressemble à un fromage de Hollande, aplati des deux bouts et échancré en rond sur les quatre faces. On ne s'y assoit point, comme dans nos calèches ou nos berlines : un matelas — et quel matelas ! — règne d'un bout à l'autre. On s'accroupit dessus. Presque tous ces véhicules ont deux chevaux, quelques-uns des bœufs comme les arrabas.

Quant aux pauvres carrosses européens égarés dans le pêle mêle, je ne conçois pas comment ils y résistent. Il y a littéralement de quoi se briser les os sur un pareil pavé.

Les vêtements des domestiques sont à peu près uniformes ; tout le monde connaît maintenant ce costume à Paris. Parmi eux se trouvent beaucoup de nègres. On voit souvent des enfants avec des femmes. Les petits garçons, qui portent sur leurs bonnets des plumes ou de riches ornements, viennent d'être circoncis ou se préparent à l'être.

Les femmes riches ou pauvres, à pied ou en voiture, portent toutes dans la rue le même costume.

C'est une sorte de manteau appelé *féredgé*, ressemblant presque, par la forme, à nos paletots. Il est plus large, plus long et plus disgracieux. Tous ces vêtements sont en laine bleu de ciel, jaune ou marron. La seule différence consiste dans la finesse de l'étoffe, dans quelques ornements, presque imperceptibles, ordinairement en velours noir.

Le voile (*yaschmak*) leur enveloppe le front et le bas du visage, en laissant les yeux à découvert. Cette mousseline des plus transparentes permet de distinguer non seulement les traits, mais, ainsi que je l'ai dit, la poitrine, comme s'il n'y en avait pas. Le *féredgé* se décollète beaucoup par devant. Les femmes turques, on le sait, possèdent un embonpoint très remarquable, et les voiles s'écartent facilement.

Le manteau n'a ni ceinture, ni agrafes, ni boutons; il se croise seulement avec la main, et la main s'oublie souvent sur les genoux ou à la tête.

Les *chalvas*, ou pantalons, se font de la couleur du *féredgé*; quant aux *terlik* (bottes que les femmes mettent pour sortir), elles sont en maroquin jaune, ainsi que les *papouches* qu'elles traînent par-dessus. Traîner est le mot; il n'existe pas de façon de marcher, de tournure plus désagréable que celle des belles odalisques. Elles rappellent tout à fait les canards.

Le costume, il est vrai, est si lourd, si embarrassant!... Nous ne nous en tirerions peut-être pas mieux qu'elles.

Mes hôtesses revêtirent donc leur uniforme, car c'en est un, et nous montâmes dans un superbe *arrabas:* Fathma, Ehminch, Mme Cléopâtre et moi.

C'est tout bonnement une torture que ce voyage; j'y crus me briser les bras et les jambes. Je riais aux larmes et je criais involontairement. Et puis, il me paraissait si étrange de me trouver en plein soleil, dans une telle compagnie!

Nous rejoignîmes *la fête*. Absolument comme à

Paris, tous ces véhicules cahotés vont au pas et si lentement qu'ils produisent l'effet de ces pendules à ressorts où l'on voit passer, à travers une glace, des charrettes dont les roues ne tournent pas, et des bateaux à rames immobiles.

La place du Seraskiev est petite et entourée d'arcades qui ne ressemblent pas tout à fait à la rue de Rivoli.

Les voitures en font le tour. Je vous laisse à penser si je faisais des curieuses, et surtout des envieux ! J'aurais voulu les voir à ma place. J'en ai eu une courbature pendant longtemps !

A notre arrivée, le sultan était depuis longtemps dans la mosquée, et l'on attendait son départ. Il avait sans doute, ce jour-là, de grandes prières à adresser à Dieu, ou des ordres nombreux à donner aux mortels.

Enfin, il parut, suivi de son cortège et de sa maison militaire et de son *Kislavaga* — chef des eunuques — étalant sa ronde et noire personne. Ce seigneur était le plus puissant dans l'Etat après Sa Hautesse et le grand vizir. Il possédait une fortune considérable et un harem fort envié. C'était un vieux homme horrible, avec sa laine blanche en manière de cheveux et les yeux effroyablement méchants. Il me regarda comme s'il eût voulu me parler ; il semblait me demander ce que je faisais là, et moi j'avais envie de lui répondre comme dans la comédie :

> Que me veut ce vieux singe,
> Ce marabout coiffé de linge ?

Tous ces *Kislar* ont l'air particulièrement fanfarons et impertinents.

Dès que le commandeur des croyants paraît, tout s'arrête, chevaux et gens, les musulmans se mettent à quatre pattes. J'avais mon ombrelle ouverte ; mon interprète me pria de la fermer. Il est de la dernière inconvenance de garder un parasol ouvert. Le padishah a seul, dans son Empire, le droit de porter un parapluie ; — il est assez singulier que pareil privilège se retrouve chez le pape.

On pousse cette recherche de l'étiquette si loin qu'en se promenant sur le Bosphore, lorsqu'on passe devant un des palais ou même un des kiosques du sultan, les bateliers ont grand soin de vous faire fermer les ombrelles, même en plein soleil. C'est là une étrange marque de respect.

Le sultan de ce temps-là était Abdul Medjid, fort jeune encore et donnant de grandes espérances, qui, malheureusement, ne se sont pas réalisées. Son visage avait le charme d'une haute distinction, légèrement marqué de petite vérole. Son teint mat et pâle faisait d'autant mieux ressortir ses yeux, d'un noir étincelant. Sa taille était élevée et bien prise. Il portait, comme ses sujets, le fez et la polonaise bleue recouverte d'un grand manteau blanc. Ce dernier vêtement lui est personnel.

Il n'y eut à son passage aucune acclamation, aucune marque de joie.

Cet accueil silencieux, symbole du respect qu'il inspire, affecterait douloureusement nos souverains d'Europe. En passant près de nous, mon costume le frappa sans doute. Il me regarda et se retourna plusieurs fois pour me regarder encore.

J'appris que c'était là son salut. Il ne rend pas autrement ceux qu'on lui adresse ; plus il se retourne, plus le sultan est poli : Abdul Medjid l'était beaucoup pour les Européens.

Notre promenade dura assez longtemps.

Il faisait une chaleur épouvantable. Les femmes s'aperçurent que j'en souffrais ; elles firent apporter des sorbets comme à Tortoni, un peu moins bons toutefois.

Nous avions mangé quelque peu avant de partir,

non de la cuisine turque, mais un déjeuner froid que j'avais apporté de l'hôtel.

Nous ne devions pas y échapper au retour, et que Dieu vous en préserve! Un dîner, et des plus fins, nous attendait. On avait mis un couvert pour mon interprète et pour moi. Nous avions des fourchettes et des cuillers, des couteaux, des serviettes, toutes choses inusitées dans ce pays où l'on se sert de ses doigts.

Nous nous assîmes sur des chaises, autre faveur, et l'on nous apporta la soupe, un brouet clair et aigre, quelque chose d'inouï pour un palais parisien.

Fathma et Ehminch suivaient tous mes mouvements. Il fallut faire bonne contenance. J'avalai courageusement la chose. C'était peu appétissant; néanmoins, on m'apporta ensuite du pilavo au safran, puis une quantité de petits morceaux de mouton enfilés dans des brochettes de bois et cuits au point de ressembler à des semelles de cuir raccorni. Le complément fut un gros morceau de bœuf douillettement posé sur un lit de roses, une vraie pommade. Le tout flanqué, dans deux plats différents, d'angélique fricassée et d'une autre sorte de légumes, dont je ne pus distinguer la nature et qui arrivait certainement comme le reste de la cuisine.

Nous avions, en outre, des confitures, des sucreries, des gâteaux en quantité avec du safran partout. Nous buvions d'excellent vin de Grèce, trop liquoreux pour l'ordinaire.

Les esclaves qui nous servaient semblaient tout étonnés d'en verser au harem; les maîtresses n'en auraient pas goûté pour rien au monde. L'odeur leur faisait quelquefois détourner la tête.

Le repas fini, elles nous demandèrent si nous avions bien dîné; j'eus le courage de répondre que c'était parfait, tandis que je me disais, à part moi, que je ne résisterais point une deuxième fois à un semblable régime. Je cherchais dans mon imagination le moyen de m'en débarrasser, lorsque la Providence m'apparut, en fez et en redingote, sous les traits du docteur anglais.

La position du médecin dans la famille turque progressive est toute particulière. Il y peut entrer et voir les femmes à visage découvert. Celui-ci n'était pas vieux, certes, et il était admis sans difficulté. Peut-être chez les musulmans entêtés ne l'eût-on pas reçu de la même manière. Quoi qu'il en soit, il venait assez souvent voir Zeïla, un peu souffrante.

Il fut accueilli avec la cordialité orientale, cependant avec réserve et une espèce de cérémonial. Sa qualité de médecin du sultan et la faveur dont il jouissait près de lui donnaient à cet étranger des prérogatives que l'on n'eût pas accordées à d'autres.

Et, chose étrange, ces prérogatives, il ne les estimait pas chez le fils du soleil, sultan des terres et des mers.

Le harem de Sa Hautesse n'est point régi comme les autres, et les habitudes en sont complètement différentes.

D'abord, le commandeur des croyants ne se marie jamais ; l'héritier du trône doit naître d'une esclave. On en cherche de très belles dans tous les lieux où le commerce a cours. Lorsqu'une femme lui a donné un fils, le souverain peut la créer sultane ; pourtant, il ne l'épouse pas.

Alors elle prend un rang particulier, qui devient tout à fait supérieur, si son fils arrive à l'Empire. Il peut y avoir, et il y a plusieurs sultanes ; cela dépend du caprice du maître, mais il n'y a qu'une sultane, Validé, sa mère.

Quant à ses femmes, elles sont encore bien plus reliques que les autres ; nul ne les voit, nul ne leur parle surtout. On ne doit pas entendre le son de leur voix.

Lorsqu'elles sont malades, le médecin appelé entre dans une salle spéciale où il trouve sa cliente enveloppée de voiles des pieds à la tête. C'est un paquet de mousseline étendu sur un divan. Auprès d'elle, une esclave favorite se tient debout.

Le médecin peut tâter le pouls ; la familiarité ne va pas au delà. Il ne peut voir ni le visage, ni la langue, ni examiner la gorge ; si elles ont mal aux dents, on fait venir une femme, mais point de dentiste. Aussi sont-elles massacrées.

Pour avoir des renseignements sur la maladie, le docteur interroge. L'esclave baisse son oreille jusqu'aux lèvres de sa maîtresse, écoute sa réponse et la transmet. Il en résulte un traitement insuffisant, souvent erroné, dont la sultane est la victime deux fois sur cinq.

Une légende, très répandue, prête à Mahmoud une parenté très proche avec Napoléon III. On me l'a racontée à Constantinople.

La voici telle qu'on la répète.

L'impératrice Joséphine, alors Mlle de Tascher de la Pagerie, très jeune, aurait consulté aux colonies une vieille négresse qui passait pour sorcière. Une de ses cousines était avec elle. La devineresse prédit aux jeunes filles, toutes deux charmantes, qu'elles épouseraient des souverains.

Peu de temps après, elles s'embarquèrent chacune sur un navire différent. Mlle de la Pagerie arriva en France. Le bâtiment qui portait sa cousine fut arrêté et pris en route par des corsaires.

Ils la trouvèrent belle et la vendirent.

Le sultan, à qui elle fut présentée, s'en éprit : elle devint la mère de Mahmoud.

C'était une personne fort distinguée et d'un esprit supérieur. Elle forma l'âme et l'intelligence de son fils, et c'est elle qui l'a fait ce qu'il est devenu.

C'est à elle que la Turquie doit les réformes et les rayons de lumière qui ont un peu dissipé ses ténèbres.

Mahmoud, grâce à ses leçons, devint un législateur

et un grand monarque. Si l'on n'eût pas arrêté son essor, il eût été plus loin encore.

La Validé de mon temps, mère d'Abdul Medjid et du padishah actuel, était aussi une femme de tête et capable de diriger ses enfants. Elle habitait alors, avec l'héritier du trône, un palais sur le Bosphore, dans une admirable position.

La loi veut que le successeur immédiat soit pour ainsi dire prisonnier. Sa mère le gardait et le préservait. L'histoire de Turquie est pleine de faits peu rassurants en pareil cas.

J'en étais restée avant cette digression à l'arrivée du docteur, qui m'apportait une diversion utile. Je me hâtai d'en profiter sur-le-champ.

CHAPITRE XII

Je vous avais parlé de la sultane Validé de cette époque, mère d'Abdul Medjid et du padishah actuel. C'était une femme de tête, presque comme Mahmoud. Elle habitait un palais sur le Bosphore, loin de la ville, dans une admirable situation. L'usage exige que l'héritier du trône soit écarté de tout et vive sans courtisans. Celui-ci demeurait avec sa mère et ne sortait pour ainsi dire pas.

Le docteur nous avait raconté toutes ces choses et bien d'autres; j'attendais impatiemment qu'on me laissât le loisir de lui parler.

Je me sentais incapable de vivre plusieurs jours soumise au régime détestable du harem. Je lui en fis la confidence; il eut bientôt trouvé le moyen de tout arranger; ma santé servit de prétexte.

Je devais manger, prétendit-il, certaines choses arrangées de certaine manière, avec des condiments européens dont mon estomac avait l'habitude et dont il ne pouvait se passer. Il se chargea d'y pourvoir.

Dès le lendemain, il m'envoya des viandes froides, du bouillon ; il recommanda qu'on me fit manger des excellents poissons qui abondent à Stamboul, sans autre sauce que l'huile et le vinaigre qui venaient, ainsi que le pain, de l'hôtel.

De cette manière, tout alla pour le mieux.

J'étais fatiguée, je l'avoue, de l'arrabas et de la chaleur. Je demandai à me retirer de bonne heure.

Le moindre de mes désirs était une loi. On s'empressa de me satisfaire. Ma chambre était jolie, fraîche et propre, ce qui est rare en ce pays. Les fenêtres grillées ouvraient sur la mer de Marmara et le château des Sept-Tours, qu'elles dominaient à une grande hauteur — j'entendais la mer de Marmara.

Excepté les oiseaux du ciel, nul ne pouvait avoir la vue de ce côté. On me permit donc d'ouvrir la grille épaisse qui nous cachait un splendide spectacle, un panorama admirable. Nous étions seules, la Grecque et moi. Sans elle, la difficulté eût été presque invincible, ainsi qu'on le verra plus tard.

La lune d'Orient, brillante et plus belle que le soleil d'Angleterre, éclairait jusqu'aux moindres détails.

La mer, unie comme un miroir, étincelait de mille feux ; c'étaient des sillons de paillettes. Au fond du tableau, le mont, en Asie Mineure, pointait sa cime dans l'azur, les îles des Princes semblaient des corbeilles de fleurs et de verdure voguant sur les eaux. On devinait les Dardanelles à la découpure des collines qui les entourent.

Le château des Sept-Tours élevait ses murailles crénelées, à notre droite. C'était comme un compatriote pour nous. Les croisés, les empereurs français d'Orient l'ont construit, et il dure encore. On l'entretient assez soigneusement, tandis qu'on laisse tomber les remparts; ils ne sont plus que des ruines. C'est dommage !

D'une autre croisée, située en face, nous découvrions le commencement de la Corne d'or et du Bosphore, la pointe du vieux sérail, les cyprès géants du cimetière de Scutari, la merveille des merveilles où je vous conduirai bientôt.

Les coteaux — je n'ose dire les montagnes — se profilaient à gauche, en remontant vers la mer Noire, tandis que les maisons de Pera nous apparaissaient comme de blancs fantômes. J'ai rarement vu un aussi magnifique paysage, par un temps aussi merveilleux, et sous un ciel aussi pur.

Je fusse volontiers restée toute la nuit en contemplation. Cependant la fatigue l'emporta; je me couchai sur un lit fort dur, où l'on avait eu l'attention de mettre des draps et des oreillers qui avaient la prétention d'être français.

Je dormis tant bien que mal, et je m'éveillai dès l'aube. Le soleil m'éblouissait.

Nous nous étions retirées la veille, à temps, pour la discrétion vis-à-vis de nos hôtesses; elles avaient leurs prières à faire, et les mahométans se cachent pour adorer Dieu comme nous nous cacherions pour mal faire.

Je n'aurais pas voulu, pour rien au monde, assister à leurs cérémonies du soir. Je me rappelai ce qui m'était arrivé à Roustouck sur le Danube, dans le harem du Pacha, où j'avais été introduite pendant que le bateau était à l'ancre le soir.

Nous entrâmes dans une salle, où une des femmes adressait au Très-Haut ses oraisons du soir. Je la crus folle. Elle poussait des cris, faisait des sauts de carpe, se mettait à plat ventre, se relevait, levait les bras au ciel et tout à coup retombait par terre, comme si elle eût été morte.

Nous fûmes saisies d'une formidable envie de rire, à laquelle il nous fut impossible de résister. Je crus en mourir. Je n'avais rien vu de plus bouffon, je l'atteste. J'aurais été désolée de désobliger les excellentes personnes qui me recevaient si bien, mais probablement je n'aurais pas eu plus d'empire sur ma gaîté que la première fois; aussi j'avais eu grand soin de me retirer dès que l'heure des dévotions allait sonner pour mes hôtesses. Elles m'en surent très bon gré, sans se douter du motif et de l'expérience que j'avais acquise.

Par la même raison, nous ne nous montrâmes pas non plus de bonne heure le matin; nous attendîmes qu'on nous appelât, ce qui se fait un peu en cérémonie.

Le premier eunuque et cinq ou six esclaves arrivèrent chargés de dulcus, de glaces, de sorbets, de café, qui nous furent présentés avec un sang-froid de théâtre. Ces gens avaient l'air de jouer un rôle. Quant à moi, je me croyais en scène, et j'aurais volontiers cherché des yeux le public, pour m'assurer de l'effet produit.

Nous fûmes ensuite menées vers la grande salle, où une cordiale réception nous attendait. Zeïla m'accueillit par le plus aimable sourire. Toutes s'informèrent avec empressement de ma santé et du résultat de mon sommeil.

Avant tout on s'occupa de mon déjeuner servi avec les provisions du docteur. Ehminch et Fathma restèrent comme la veille auprès de moi, et s'amusèrent beaucoup de la façon dont je mangeais des mets qu'on me présentait. Elles goûtèrent du bouillon, dont elles n'avaient aucune idée; que diraient-elles de celui de nos maisons françaises?

Elles allèrent manger de leur côté pendant que nous étions aux fruits, et nous les trouvâmes de retour dans la salle, en rentrant. Les Turcs sont si sobres quand ils sont croyants, les femmes surtout! Elles étaient fort occupées et parlaient entre elles vivement.

On veut vous faire une surprise, me dit l'interprète, vous montrer quelque chose qui vous causera un vif plaisir. Je ne sais ce que c'est, mais préparez-vous et ne leur donnez pas de déception, elles en seraient véritablement malheureuses.

Ehminch me prit par la main et me pria de la suivre, avec un sourire tout à fait charmant. Les Turques aiment cette manière de se promener ensemble. Elle me conduisit à une pièce que je n'avais pas encore vue et qui différait assez des autres.

Au fond, étaient trois fenêtres très grillées ; la moitié de la chambre de ce côté était exhaussée comme une estrade.

Un large divan chargé de coussins courait tout autour ; un superbe tapis de Smyrne couvrait le sol ; des colonnes en arcade séparaient cette partie privilégiée de l'autre, qui servait presque de passage et où se tenaient les eunuques devant les esclaves accroupies.

On me donna la place d'honneur ; Fathma, qui semblait diriger la surprise, s'avança vers une espèce de niche à poêle, — sans poêle bien entendu, — où se trouvait un de ces grands vases de porcelaine dont j'ai parlé, qui pourraient presque faire une guérite, dans un moment de presse. Le vase fut écarté ; on démasqua une armoire creusée ou plutôt taillée en relief dans le mur de bois.

Observation indispensable. — Toutes les maisons sont en bois à Constantinople ; aussi brûlent-elles comme des allumettes. Il y a pour ce mode de construction deux motifs :

Le premier est tiré du Coran. Mahomet commande que les enfants vivent sous la tente et ne bâtissent pas d'habitations solides comme les giaours. On leur a fait la concession de planches au lieu de la toile.

Le second motif est une prophétie, ou une légende, mais tellement accréditée qu'elle passe à l'état de certitude. Un colosse dont je n'ai pas pu savoir le nom, mort en odeur de sainteté, a annoncé que dans un temps quelconque les fils de l'Islam seraient chassés d'Europe et refoulés en Asie. Ils doivent donc, dans cette prévision, ne s'attacher par aucun bien à ce rivage ingrat. Cela est si vrai qu'il faut être pauvre et dénué de ressources pour se faire enterrer au petit ou au grand champ des morts, situés à Péra. Tout ce qui tient au bel air des monuments funèbres se fait porter en Asie, à Scutari. On y dormira éternellement, sans que les barbares viennent disperser les cendres. C'est une consolation. Ils ne seront pas réveillés, ces bons musulmans.

Revenons à l'armoire.

Elle fut ouverte avec une sorte de respect, et l'on en tira, au milieu de précautions infinies, un assez grand cadre en bois doré à encoignures. Vous voyez cela d'ici : un de ces cadres, bons tout au plus à exposer aux portes, des spécimens de faux rateliers. Dans ce cadre était une de ces gravures qui couraient les foires de village et qui représentaient le roi et la reine des Français, toute leur famille, dans des médaillons agréablement reliés entre eux par un ruban courant à la Louis XV.

C'était un affreux barbouillage, qu'elles admiraient et qu'elles cachaient, parce que leur religion défend toute représentation de la race humaine : tableaux et statues sont bannis.

Tous les yeux étaient tournés vers moi. On s'attendait sans doute à me voir tomber à genoux, prosternée devant l'effigie de mon Sultan.

— Tiens, dis-je, c'est affreux !...

Et je me mis à rire, au grand scandale de l'assistance.

La Grecque me le fit remarquer, avec un ton presque révolté.

Je vis sur les visages une sorte de désappointement blessé et contraint.

— Elles sont étonnées, fâchées même... Elles comptaient vous faire un plaisir complet. On vous cherche quelque chose de plus magnifique, à ce qu'il paraît. Extasiez-vous, je vous en prie! ou ces bonnes créatures se désoleraient...

On me sortit en effet de la cachette quatre cadres de même genre, représentant quatre personnes qui ne se doutaient guère de l'honneur fait à leurs portraits. Si le nom n'eût été écrit au bas, je ne les aurais pas reconnues, je l'avoue.

Le premier, le plus apparent, était celui de Mme Brocard, sociétaire de la Comédie-Française, dans le rôle de la reine de Danemark de *Bertrand ou Raton*.

Mlle Brocard-Pepini, marquise de Longpré, femme de l'auteur des *Trois Chapeaux*, était fort jolie, mais on ne s'en serait pas douté.

On avait joué, dix ou quinze ans auparavant, au Gymnase, une pièce de Scribe, intitulée : *Les Trois Maîtresses ;* les principaux rôles étaient remplis par Léontine Fay, depuis Mme Valois, par Jenny Vertpré et Jenny Colon, trois jeunes femmes charmantes, dont l'artiste, chargé de les représenter, avait fait trois singes.

J'eus beau faire, il me fut impossible de conserver mon sérieux. J'éclatai, ce qui était d'un goût détestable et d'une inconvenance parfaite. Les dames turques croyaient posséder des chefs-d'œuvre représentant des princesses pour tout de bon. Elles ne comprirent pas mon outrecuidance de ne pas admirer ce qui leur semblait si beau.

J'essayai de leur ôter leur erreur et de leur prouver que ces morceaux de papier noirci n'étaient bons qu'à brûler ; au lieu de trois ravissantes créatures, on leur donnait des monstres. Elles n'en pouvaient convenir.

Ehminch avait un air triste et rêveur. Elle contemplait mélancoliquement les traits de Léontine Fay, un peu moins défigurée que les autres, et puis elle se mit à parler lentement, doucement. Sa voix était toujours une vraie musique. L'expression de sa physio-

nomie était d'une poésie naïve et presque grave. Je
ne riais plus.

— Qu'a-t-elle donc? demandai-je.

— Oh! c'est toute une histoire. La sienne, ce portrait s'y rattache, pour y avoir joué un rôle.

Les mariages se font au colin-maillard dans ce
pays-là. On épouse chat en poche. Une vénérable
dame est le *deus ex machina* de l'affaire; c'est le métier de ces discrètes personnes. Elles savent où trouver
les filles à marier, et découvrent bientôt les hommes
qui leur conviennent.

Aussitôt elles s'en vont dans chaque logis vanter
au prétendu les vertus, la beauté de la jeune prétendante, tandis qu'elles font briller aux yeux de celle-ci
le mérite, la position de celui qu'elles lui destinent.
Elles lui annoncent les magnificences, les joies, les
richesses, et parviennent presque toujours — moyennant salaire, bien entendu, — à conclure une union
que le hasard seul accomplira.

La dame à laquelle Ehminch devait son mariage
mal assorti prétendait trouver dans l'image de
Mlle Volnis une grande ressemblance avec elle. Elle
montra le cadre et le pacha en fut enthousiasmé. Il
crut épouser l'original. La première entrevue fut une
déception, paraît-il, et l'avenir du ménage s'en ressentit.

Quant à moi, j'eusse préféré la pauvre Ehminch,
sans comparaison.

Cette journée était consacrée aux exhibitions et aux
aventures. J'étais destinée à faire beaucoup de nouvelles connaissances, comme on va le voir.

La tentative de la galerie de tableaux n'avait pas
été heureuse. On les renferma tristement, et l'on me
ramena dans ce que j'appelle la grande salle, faute
de savoir quel autre nom lui donner.

L'heure du dîner approchait; ce dîner s'appellerait
déjeuner chez nous. Je n'assistais pas à leur repas,
et j'avais demandé à prendre, suivant mes habitudes,

celui que je faisais. Les femmes firent des cérémonies pour me quitter. On est très poli en Orient; enfin, elles s'y décidèrent.

Le plan de la journée était une promenade à Sentari avec Ehminch et Fathma seulement. Je m'en faisais une fête et je m'y préparais, lorsqu'un bruit inaccoutumé se fit entendre dans la cour.

Nous courûmes à la fenêtre; les grilles nous empêchèrent de rien voir. Elles commençaient à m'impatienter, ces grilles; mais nous ne pouvions nous permettre de les ouvrir. Nous distinguâmes à peine quelques mouvements. La Grecque, accoutumée à ces usages, me dit tout de suite :

— Nous allons recevoir la visite d'un harem.

— Les dames se visitent donc entre elles?

— Très souvent, et je serais bien trompée si nous n'avions pas foule aujourd'hui. Les femmes doivent connaître la présence d'une dame française dans cette maison. Il n'est pas d'êtres au monde aussi curieux que les *Turquesses*. Par la raison même de leur ignorance, elles veulent tout voir et tout savoir. Vous allez être beaucoup regardée aujourd'hui, je vous en réponds.

— Et la promenade?

— Il est trop tard, nous serons empêchées. Tenez, voilà les étrangères. L'une d'elles est très belle; un peu plus tard vous pourrez demander à la voir, elle en sera très flattée.

En effet, quatre femmes entraient, suivies de leurs esclaves, dont deux noires, que je ne remarquai pas d'abord. Une petite naine, très difforme, se tenait à côté de ses maîtresses. Ses yeux, ronds et énormes, ressemblaient à deux lucarnes. Elle les ouvrait démesurément et les fixait sur moi, sans relâche. Evidemment j'étais pour elle comme un animal fabuleux.

Ehminch accompagnait ses amies. L'interprète me répéta l'espèce de présentation qu'on me fit des nouvelles venues. Elles appartenaient à un des premiers pachas, un des plus riches de Constantinople. La quantité et la beauté de leurs joyaux ne me laissaient pas un doute à cet égard.

La conversation s'engagea vive et animée. On apporta des pipes et des dulcus; bien entendu, je m'amusai infiniment à écouter ce que je ne comprenais pas. J'attrapais à la volée quelques bribes que me répétait mon interprète. On eût dit une nichée d'oiseaux gazouillants.

J'étais le sujet des discours et des étonnements. Ehminch racontait de moi ce qu'elle en avait appris par moi-même. Elles ne pouvaient comprendre le rang que j'occupais dans mon pays. Ce détail de nos mœurs modernes leur échappait complètement. Une grande dame courant les champs sans une suite nombreuse, cela ne se pouvait pas! Et quel mari laissait une personne de mon âge, loin de lui?... Elles, qui ne savaient pas faire un pas sans protection, ne concevaient pas qu'on osât risquer un tel voyage.

Après les propos sérieux, vinrent les futilités, la toilette.

— Disposez-vous, me dit Cléopâtre, on va vous prier de vous délacer.

Cette cérémonie m'amusait peu, je l'avoue. Néanmoins je m'y soumis de la meilleure grâce du monde. Ma carapace de baleine produisit son effet accoutumé. Tous ces grands yeux demandaient comment je pouvais rester là-dedans sans mourir.

Une chose me frappait surtout dans cette réunion féminine, si surprise de ce qu'elle découvrait, c'était le calme, la tranquillité, la lenteur des mouvements. Elles fumaient, accroupies sur des coussins, ou sur les trois banquettes, tout près de terre. Elles causaient assez vivement, mais la seule vivacité réelle était dans leurs regards. Mon corset passa de mains en mains; elles le touchaient, elles l'examinaient, sans que leur nonchalance s'animât; des Européennes eussent poussé des exclamations d'étonnement.

Tout à coup, celle des visiteuses dont la Grecque m'avait signalé la beauté se leva lentement et, par un geste qui n'était pas sans grâce, ôta son feredgé, fit détacher son voile et parut vêtue simplement de son pantalon de soie rouge, de sa chemise de gaze, de son gilet court très décolleté par devant. Je fus éblouie de son visage, et sa taille me parut moins épaisse que celle des autres.

Elle avait les yeux d'une longueur et d'une morbidesse tout orientale, agrandis encore par le *krou* qui les faisait ressortir. C'étaient deux diamants noirs. Son teint mat et un peu jaune avait l'éclat de celui des Vénitiennes.

Elle me rappela les vers de Musset.

Ses cheveux noirs comme l'aile du corbeau se cachaient à demi sous son abominable coiffure, le petit fez et cette espèce de turban en mousseline imprimée dont nos colporteurs infectent le monde. Elle avait fiché là-dedans une quantité de bijoux, des pierres cabochons surtout et grossièrement taillées. quelques-unes d'une grosseur et d'un éclat merveilleux. Bien montées, l'effet en eût été doublé certainement.

Elle prit mon corset et le posa en riant sur sa poitrine.

Je ne saurais vous rendre l'expression de ses traits, si purs et si réguliers, en découvrant qu'il était de moitié au moins trop étroit. Elle poussa un ah! un oh! qui nous fit toutes rire à la ronde.

CHAPITRE XIII

Une idée nouvelle surgissait dans son cerveau probablement. Elle se tourna vers Ehminch et lui dit
deux ou trois mots que mon traducman me répéta.

La belle créature me demandait la permission de
me remettre elle-même ce corset et de le lacer; elle
voulait me servir de femme de chambre. Elle avait,
parmi ses compagnes, la réputation d'une excentrique,
je le compris. Toutes attendaient impatiemment ma
réponse, qui fut naturellement favorable. Je m'amusais infiniment.

On procéda à ma toilette. Je fus aussitôt entourée
de toutes ces curieuses. Ma personne et mes ajustements devinrent le point de mire de leur attention.
Quand je fus lacée, ma taille fort mince alors les stupéfia. Elles demandèrent comment je pouvais manger

avec un si petit estomac. Les questions pleuvaient. Je répondais de mon mieux, et rien n'était drôle comme leur gaucherie en me rhabillant ; elles m'auraient volontiers mis ma robe sens devant derrière.

Lorsque je fus prête, il me vint une envie à mon tour, et je fis prier la belle, dont j'ai, hélas! oublié le nom, de me permettre de la coiffer. Elle en fut infiniment flattée, et s'y prêta de bonne grâce. Je tenais à leur montrer mon savoir-faire et à établir la suprématie de la France, même en chiffons. Je fis demander aux dames du logis quelques écharpes, quelques gazes, et j'insinuai que, par la même occasion, je serais flattée d'obtenir la faveur d'une exposition complète de leurs magnificences.

On apporta des mannes longues et presque plates, où dormaient à l'aise des robes de cérémonie en étoffes admirables. Ce n'était qu'or et argent, broderies de perles fines. Une sorte de passementerie qui bordait les plus belles me parut un vrai miracle de goût et de richesse. Il me serait difficile de la dépeindre de façon à me faire comprendre. Nous n'avons ici rien qui y ressemble.

C'était comme une guirlande, dont les feuilles et les tiges étaient en fil d'or tissé autour de cordons ronds en relief. Les fleurs se composaient de perles et de pierreries. Je ne comprends pas comment on n'a pas encore découvert cet ornement et comment on n'en fait point à Paris.

Des écharpes de Smyrne, des gazes transparentes, tout cela brillant, étincelant, superbe, composait les accessoires. Des bijoux mal montés, mais splendides, se prélassaient dans des boîtes. Je vis néanmoins tout de suite que mes hôtesses étaient loin de la fortune de leurs amies. Celles-ci avaient beaucoup plus de joyaux et une suite plus nombreuse, plus cossue.

On me laissa choisir deux écharpes, une blanche brodée d'or, une rouge tissée d'argent. J'allai chercher mon peigne ; j'ôtai le fez, le fichu, les faux cheveux je pris dans ma main les véritables, et je me mis à arranger ma poupée *con amore*. Les femmes suivaient tous mes mouvements ; elles me virent partager cette magnifique chevelure, en faire deux nattes qui tombaient jusqu'à terre.

Je rattachai le fez, qui est une sorte de nécessité pour elles, et puis je tournai les écharpes en turban, laissant tomber les bouts en arrière avec les nattes. La belle fut transformée ; elle se regardait au miroir, et ne cachait pas sa joie.

J'eus bientôt plus de clientes que je ne désirais.

Toutes voulurent avoir la même coiffure ; comme elles étaient moins belles, la coiffure ne seyait pas si bien, excepté pour Ehminch, moins régulière, mais plus charmante.

Pendant que j'étais en train de coiffer, il arriva deux autres harems, moins familiers que celui-ci, de sorte que cette grande pièce était remplie de femmes, les unes à visage découvert, les autres voilées, leur intention n'étant pas de demeurer longtemps.

Les maîtresses étaient assises ou plutôt accroupies, je l'ai dit, autour et sur les divans ; les esclaves étaient près de la porte, la naine entre les deux camps. J'avais obtenu le renvoi des eunuques, quand je m'étais déshabillée.

Ces messieurs faisaient cercle dans la pièce précédente, avec ceux des autres harems.

Que pouvaient se dire ces gens-là ? ils riaient beaucoup.

On me fit encore quitter mon corset ; je déclarai, pour cette fois, que je ne le remettrais plus. Ce phénomène resta exposé et chacun fut libre d'aller l'admirer à son aise.

Mes hôtesses, toujours attentives, cherchaient des divertissements à m'offrir ; ma belle poupée — je la désigne ainsi faute d'un autre nom — me fit demander si j'avais vu toutes ses esclaves. Sur ma réponse négative, elle fit un signe aux négresses qui restaient enveloppées de leurs redingotes, et donna un ordre à la naine. Celle-ci se leva et alla chercher une guzla, sorte de guitare, ou plutôt de chaudron, dont elle pinça les cordes, et elle accompagna cette musique monotone et endormante d'un chant guttural, composé de quatre ou cinq notes seulement.

Cela me rappela un peu les mélodies sauvages des bergers, dans les grandes landes de l'ouest de la France. Il y a plus de poésie, plus de rêverie chez nos pâtres.

Les négresses parurent alors au milieu du cercle qui s'était agrandi. Ce fut pour moi un éblouissement.

Imaginez-vous des statues de marbre noir, aux traits aussi réguliers que ceux de la Vénus de Milo ; un nez droit, la lèvre arquée et presque mince, des yeux de gazelle du désert, de longs cheveux noir d'ébène aussi lisses que les nôtres... C'était splendide ! On me dit qu'elles étaient Nubiennes.

Leur costume était aussi succinct que possible. Nues jusqu'aux hanches, elles découvraient un buste aussi bien modelé que l'antique, des bras admirables. Une jupe blanche se rattachait autour d'elles, avec une écharpe de Smyrne enroulée et retenue par des agrafes. Un collier, des boucles d'oreilles, des bracelets assez grossiers en haut du bras, à leurs fins poignets, à leurs jambes superbes, composaient leur écrin. J'appris qu'on trouvait rarement de pareilles esclaves.

Elles avaient été amenées d'Afrique par un capitaine marchand, et offertes au mari par cet homme qui avait besoin de lui, ou qui lui devait de la reconnaissance, je ne sais quoi.

La naine continuait sa chanson et sa musique. Les Nubiennes se mirent à danser, si l'on peut appeler danse une sorte de tortillement de la partie inférieure du corps sans presque bouger de place. Elles faisaient des gestes des bras, et remuaient la tête. Tout cela manquait de grâce, je l'avoue. C'était bizarre plutôt qu'agréable à voir.

Le charivari de la naine me rompait les oreilles ; j'en serais, je crois, devenue folle.

J'avais aperçu autour de la salle un piano à queue, meuble parfaitement inutile et tout à fait de luxe en pareil lieu. Je pris le parti d'en essayer, pour faire taire la naine et exciter un peu les bayadères qui semblaient s'endormir.

A ma grande surprise, il était parfaitement d'accord. C'était un piano anglais, très bon, et qui méritait un meilleur sort.

Je commençai un air de ballet, *le Dieu et la Bayadère*, qui me parut mieux en situation que n'importe lequel. A défaut de la Turquie, je pris l'Inde. On ne peut se figurer l'impression produite par les sons de cet instrument. Ce fut comme une révélation de leur paradis ; elles semblaient en extase ; il n'y avait pourtant pas de quoi, car je n'avais pas une grande science et j'étais distraite.

Les négresses cessèrent leurs simagrées ; puis, tout à coup, il leur prit comme une rage, elles se mirent à sauter, à faire des cabrioles, à *gigoter* — passez-moi le mot — d'une façon inimaginable. Je riais à me tordre ; c'était une véritable caricature de ballet. Je voyais leurs jambes nues et leurs souliers de maroquin rouge, tout ronds du bout, pirouetter et s'agiter en tous sens. Elles n'étaient plus belles à mes yeux et, plus tard, l'accès de gaieté passé, j'en fus désolée. Je regrettais ce groupe splendide.

Pendant la journée entière, sauf l'heure des bains, nous reçûmes des visites. Ce fut à peu près la même répétition. De plus, il me fallut donner un échantillon de mon talent, à chaque fournée d'odalisques. Je m'imaginai d'y joindre deux ou trois romances, et la dame grecque des chansons de son pays. Alors le concert fut complet. On a dû en parler longtemps dans ce cercle de femmes.

Je fus, pendant ces heures consacrées au monde, de plus en plus frappée de la suprématie des vieilles femmes sur les autres. Zeïla était l'objet des soins et des attentions de toutes. On l'entourait d'hommages ; ses désirs étaient prévenus, avant qu'elle ait eu le temps de les concevoir.

Les esclaves, les eunuques que la musique avait attirés s'étudiaient à lui plaire. Nous ne pouvions nous dépêtrer de ces êtres très obséquieux envers nous ; ils nous apportaient des coussins, des rafraîchissements, sans qu'on en demandât. Mais ils me prirent bientôt sur les nerfs d'une telle façon, que je m'en débarrassai au plus vite.

Je ne veux parler de moi que le moins possible, et si je raconte mes voyages, c'est à cause des pays curieux que j'ai visités et des choses curieuses que j'ai vues. Le lecteur pourra en être amusé, surtout parce que, depuis les longues années qui se sont écoulées, tout a changé là-bas comme ici. Ceux qui liront aujourd'hui ces pages, et qui connaissent les contrées dont il s'agit, auront peut-être bien de la peine à s'y reconnaître.

Tout marche si vite maintenant ! Le progrès ou quel que soit le nom qu'on lui donne s'élance si promptement au-devant de l'avenir, qu'il ne lui donne pour ainsi dire pas le temps de naître.

La civilisation, ses avantages et ses inconvénients s'étendent jusqu'au bout de l'univers. Il est donc assez curieux de se rendre compte du chemin qu'elle a parcouru, notre civilisation, et de constater les distances.

J'avais quitté Paris le 24 février 1845, par le courrier qui devait me conduire à Strasbourg ; il n'y avait pas alors de chemin de fer, ni rien qui y ressemblât. Je me trouvai dans la voiture avec un général, que j'avais connu capitaine à Poitiers, quand j'étais presque une enfant. Je l'avais revu une fois ou deux à Paris, dix ans auparavant, et plus jamais. Ce fut un singulier rapprochement.

Je n'ai rien à dire de Strasbourg, j'en ai déjà parlé ;

nous devions nous rendre à Vienne, et, pour cela, il fallait d'abord arriver à Munich. Je ne m'arrêtai pas en route. J'ai souvenance pourtant de charmants paysages dans la Bavière, et de la forteresse d'Ulm, où je ne fis que passer.

Cet hiver fut particulièrement rude, on s'en souvient. Depuis mon départ de Paris jusqu'à mon arrivée au fond de l'Autriche, plus d'un mois après, je n'ai absolument vu que de la neige, pas un pouce de terre. Les arbres étaient poudrés comme des marquis, et les vastes forêts de sapins étaient splendides avec leurs franges vert foncé. C'était voir la nature sous un aspect tout nouveau pour moi.

Munich est une jolie ville, gaie, d'une gaieté tout autre que celle de nos cités; les Allemands ne sont pas comme nous; c'est plus simple, plus patriarcal; on rencontre avec plaisir dans les rues ces bonnes figures placides et épanouies. Souvent, le soir, on les entend — les Allemands et non pas les figures — on les entend chanter en parties quand ils reviennent de leur travail. Il serait à désirer que bien des chœurs d'opéra eussent la même justesse et le même ensemble.

Munich a des musées splendides; la Pinacothèque et la Plikcothèque sont de beaux monuments, curieux surtout par les trésors qu'ils renferment. Le *Faune* antique est une statue de premier ordre et qui m'a particulièrement frappée. Le roi est très artiste; il a quitté son trône pour ne plus s'occuper que d'art. Mon Dieu, qu'il a bien fait! Par le temps qui court, il est plus commode et plus agréable d'être Mécène que d'être roi.

Il venait de faire bâtir, dans un des faubourgs de Munich, une église dans le genre gothique. Je n'ai rien vu de mieux, ce me semble, en fait d'imitation d'architecture. J'ai pourtant contre lui un coin de rancune, qui amena un assez drôle de coup de théâtre. Je ne puis m'empêcher de le raconter.

Nous visitâmes le palais, qui ressemble à tous les palais ; je les trouve tous organisés sur le même modèle ou à peu près.

On nous montra les appartements, et entre autres un certain salon qui s'appelle : *le Salon des belles femmes*. Ce sont des portraits de beautés plus ou moins célèbres, qui avaient trouvé grâce devant les yeux de Sa Majesté. On nous les nomma toutes. Il y en avait des différentes nations de l'Europe, mais pas une Française.

Je trouvai cette exclusion un peu étrange de la part du futur amant de Lola Montès, mais je ne fis aucune observation. Nous traversâmes plusieurs autres pièces, tapissées de portraits d'électeurs et d'électrices escortés de princes et de princesses de leur famille.

— Où est, dis-je au cicerone, la princesse Palatine qui épousa le frère de Louis XIV ?

— Elle n'y est pas, madame...

— Ah! c'est étrange. Et Madame la Dauphine, belle-fille de ce même Louis XIV, femme du grand Dauphin ?

— Elle n'y est pas, madame.

— Comment, celle-là aussi ! Vous avez du moins une princesse d'Orléans, qui épousa un de vos électeurs ?

— Pas davantage. Le roi ne veut admettre dans ses appartements rien de ce qui se rapporte à la France ou qui la rappelle.

Ceci me fit monter la moutarde au nez; nous rentrions alors dans une galerie où se trouvait le trône. Une porte s'ouvrit à notre gauche, un vieillard fort simplement mis parut, nous fit un salut de politesse et continua à suivre la galerie, d'un pas lent et discret.

J'étais alors dans toute l'explosion de ma colère.

— Comment! m'écriai-je, des princes et princesses de la maison de France, le fils et le frère de Louis XIV font l'honneur à vos principicules de s'allier à eux et

on n'en conserve pas le souvenir? C'est le plus beau
fleuron de votre couronne, entendez-vous ! et rien
n'est plus ridicule que cette façon d'agir. Je voudrais
le voir, votre roi, pour qu'il entendît une bonne fois
la vérité de la bouche d'une Française. Cela le ferait
peut-être réfléchir!...

Notre guide me faisait des yeux et des gestes dont
je ne comprenais pas la détresse. Le vieux monsieur
s'était arrêté et m'écoutait. Quand j'eus terminé ma
diatribe, il continua tranquillement son chemin jusqu'au bout et disparut par une autre porte située à
l'extrémité.

Le domestique du palais semblait changé en statue,
très pâle. Aussitôt que le vieillard eut quitté la galerie, il leva les bras au ciel.

— Mais, madame, vous ne savez pas ce que vous
avez fait!... C'est le roi que vous venez d'insulter
ainsi en face.

J'en eus une petite émotion ; quant à mes compa-
gnons, ils se mirent à rire.

— Eh bien ! repris-je, tant mieux. Je voulais qu'il
entendît la vérité, il l'a entendue, j'en suis contente.
Il ne me mettra pas en prison apparemment; d'ailleurs
je pars demain, et il n'entendra plus parler de moi.

Ce fut moi qui n'entendis plus parler de lui. Je restai
encore deux ou trois jours, et personne ne m'inquiéta.

De Munich à Vienne, nous ne nous arrêtâmes pas ;
toujours point de chemin de fer, bien entendu. La
route était longue et nous arrivâmes brisés. Ce qui
me frappa surtout, ce fut la nécessité d'exhiber à
chaque bourgade les malheureux passeports.

La voiture arrêtait. Un caporal quelconque se présentait à la portière et disait, d'un ton rogue :

— Passeports !

On les emportait, on les examinait, on les timbrait,
on les signait et on vous les rendait avec un paraphe
de plus, ce qui nécessita de nombreuses annexes et,

par la suite, un petit livre. J'ai conservé cette pièce curieuse.

Vienne nous apparut belle et pimpante. Le clocher de Saint-Étienne s'élance dans les airs. On le voit de bien loin. Le pays est charmant ; aux alentours ce sont des montagnes et des vallées, des ruines, des maisons de campagne, des villages, des prairies. Tout cela est riant et gai.

J'aime Vienne, je l'habiterais volontiers quelque temps. Ce n'est pas une ville tirée au cordeau comme la rue de Rivoli. C'est plus fantaisiste. Les églises ont presque toutes l'aspect de celles de Lorraine, excepté deux ou trois ; toutes datent du xviiie siècle. La grande Marie-Thérèse a laissé bien des traces à Vienne, et le goût lorrain de son mari domine partout, comme son mari dominait son cœur.

La cathédrale — Saint-Étienne — est, je l'ai dit, un magnifique monument. L'intérieur est riche et curieux ; les vitraux bien conservés ; il y a des chapelles très remarquables, entre autres celle des Hichstentein. Tout est aristocratique à Vienne, et personne ne songe à s'en plaindre. Je parle de ce temps-là, et non de celui-ci, dont je ne sais plus rien. Le peuple de Vienne alors aimait l'Empereur et les siens ; on ne craignait pas la désaffection des États héréditaires, on y comptait éternellement et l'on disait en mettant au pis les craintes de l'avenir :

— Si nous perdons l'Italie, la Hongrie et le reste, les États héréditaires nous resteront toujours.

Pourrait-on en répondre aujourd'hui ? Je ne le crois pas.

Une des curiosités de Vienne, que peu de personnes voient parce qu'on ne la signale pas, ce sont les anciennes voitures de la cour. Il y en a je crois sept ou huit, en vernis Martin de la plus belle conservation. Ce vernis, dont le secret est perdu, est splendide. Les caisses, les portières, jusqu'aux roues des carrosses de gala sont en vernis Martin. Ce sont des sujets allégoriques, des dieux, des déesses, des fleurs, des scènes champêtres. C'est ravissant. Nous n'avons rien à Paris d'un rococo aussi pur. C'est de la vraie et haute curiosité.

En ce temps-là, l'empereur d'Autriche actuel était un enfant, héritier du trône, il est vrai, mais non en possession de la couronne et tout à fait sous l'aile de sa mère, l'archiduchesse Sophie. Nous les vîmes à un cirque de je ne sais quels écuyers. Toute la haute société de Vienne était là. Jamais je ne rencontrai de pareils chapeaux, je suis obligée de l'avouer. J'avais été la veille chez une marchande de modes françaises, en possession de coiffer toutes les grandes dames.

Je ne puis m'empêcher de raconter cette scène, c'est un trait de mœurs étrangères.

Je descendis de voiture en bas d'un escalier de pierre magnifique ; plusieurs laquais et un suisse attendaient sous le vestibule. Quand c'est une livrée et une personne connues qui se présentent, le suisse frappe de la hallebarde plusieurs coups, suivant le rang de la cliente. Il en est, ou du moins il en était de même à la porte des maisons des gens riches, en titre surtout ; il en est de même dans les principaux hôtels de voyageurs de la ville et de Léopoldstadt.

Léopoldstadt est un faubourg de Vienne ; il en est séparé par les fortifications et par les fossés ; cependant il en fait partie et il est très élégant d'y demeurer. Non loin de là est le *Prater*, les Champs-Élysées de Vienne, où tout le beau monde se donne rendez-vous. C'est une belle promenade bien gaie, très bien située, plus campagne que les nôtres. Le Danube se promène autour de tout cela ; il se divise en plusieurs bras et forme des îles. On ne peut juger à Vienne de ce qu'il devient plus loin, lorsqu'il semble avoir emprunté la sauvagerie des pays qu'il parcourt.

CHAPITRE XIV

Je reviens à la marchande de modes. Je ne sais
pourquoi je l'avais abandonnée. J'écris au courant de
la plume, sans réflexion, et de mémoire.

En haut de l'escalier, autres laquais, tout aussi
somptueux, puis une enfilade de sept ou huit pièces
garnies d'armoires, de tables couvertes de chapeaux
sur des champignons. Les glaces, les meubles, les
rideaux, tout était d'une magnificence qui ferait pâlir
les salons de nos premières faiseuses.

Une vingtaine de jeunes filles, jolies et élégantes,
servaient le public féminin qui se pressait autour
d'elles. Toutes étaient Françaises, et Parisiennes encore !

— Que désire madame ? me demanda l'une d'elles.

— Un chapeau, mademoiselle, s'il vous plaît.

— Voilà, madame.

Elle me montra des bonnets, des escoffiens dont

rien ne peut donner l'idée : je le répète, je n'avais jamais rien vu de pareil. Les modes d'aujourd'hui s'en rapprochent un peu par le mauvais goût. Je regardai cette jeune fille avec stupéfaction.

— Mademoiselle, repris-je, vous vous trompez, je suis Française, je suis Parisienne.

Elle me répondit par un sourire.

— Ah ! c'est différent, veuillez me suivre.

— Pardon, mademoiselle, vous vendez cela ?

Je lui montrai ces abominations.

— Si vous restez quelques jours à Vienne, madame, vous ne me demanderez plus si nous vendons ces modes ; nous n'en vendrions pas d'autres.

Elle m'ouvrit une armoire cachée et me présenta des chapeaux à peu près convenables ; j'en choisis un, je crois bien qu'il venait de Paris.

Le soir même, j'allai au théâtre, et je vis dans toutes les premières loges des coiffures impossibles, semblables à celles qui m'avaient tant amusée chez notre compatriote. Elle a dû faire fortune, car elle vendait ces oripeaux au poids de l'or.

A cette représentation du cirque dont je parlais plus haut, les personnes qui m'accompagnaient rencontrèrent le comte Sandor, le père de la princesse de Metternich, ambassadrice d'Autriche à Paris.

Le comte Sandor était un de ces seigneurs hongrois dont rien ne peut nous donner l'idée, à nous qui passons sous le niveau de l'égalité. Ce sont des princes, des rois ; leurs terres sont des pays tout entiers, des provinces. Ils ont des châteaux fabuleux, des domestiques, des chevaux, des vassaux, un train de Jean de Paris, les *Mille et une nuits* mises en action.

Celui-ci avait de l'esprit à revendre ; son originalité, sa bizarrerie n'avaient rien d'un Allemand. Il dessinait à merveille et faisait des caricatures pleines d'humour. La moitié de sa vie se passait à cheval. Il adorait les chevaux, il faisait des chutes terribles et se cassa l'un après l'autre tous les membres.

Il avait fait un dessin très amusant, représentant son enterrement : tous ses laquais marchaient en file, portant chacun un morceau de son corps, l'un sa jambe, l'autre son pied, son nez, sa main, etc. C'était fort drôle.

On racontait de lui une anecdote, qui m'a bien fait rire.

Il était dans son principal haras, en Hongrie, lorsqu'un matin on lui apporta la carte d'un gentleman anglais, qui désirait visiter ce magnifique établissement ; le comte s'empressa d'accorder la permission demandée. Il fit mieux, il s'offrit même à lui en faire les honneurs. Il le conduisit dans les écuries, dans les pâturages, dans ses manèges, expliqua, avec toute la coquetterie d'un propriétaire et d'un amateur, ses améliorations et ses projets.

A tout cela, l'Anglais ne répondait pas un mot. Il regardait avec un flegme imperturbable, hochait la tête et se taisait. Le magnat, accoutumé à des éloges de la part de tous ceux qui l'approchaient, s'étonna beaucoup de ce silence. Impatienté, il provoqua son hôte :

— Qu'en dites-vous, monsieur ? Comment vous semble tout cela ?

— *Jé uvé vou mioux*, répondit l'Anglais.

Ce n'était pas très courtois, j'en conviens ; le comte avait trouvé plus original que lui. Il ne voulut pas baisser pavillon et se jura qu'il aurait le dernier mot.

L'insulaire vit tout et fouilla tout, sans sourciller, et répéta à satiété son éternelle sentence :

— *Jé avé vou mioux.*

M. de Sandor s'entêta de plus en plus ; il donna ordre d'atteler deux petits chevaux à une légère voiture qu'il conduirait lui-même ; il y monta avec l'Anglais. Ils partirent : les chevaux n'avaient ni mors ni brides, ils obéissaient à la parole. C'était charmant à voir ; il n'y a pas de chiens mieux dressés.

— Eh bien, fit le comte, croyant enfin recevoir un compliment.

— *Jé avé vou mioux !* répéta l'autre.

— Ah ! vous *avé vou mioux !* murmura M. de Sandor entre ses dents, nous allons essayer autre chose, je doute que vous ayez *vou mioux !* »

Ils arrivaient en haut d'une grande côte à pic terminée par un précipice, sur lequel est un pont très étroit pour tout passage. Il lança ses chevaux au triple galop, ce qui fit tomber les deux voyageurs comme des pantins balancés par un fil.

Mais, monsieur le comte !... dit l'Anglais, qui commençait à s'étonner un peu.

— Du tout, du tout, *vous avé vou mioux !* »

Lorsqu'ils dominèrent le gouffre, les chevaux, excités par un simple appel de la langue, sautèrent tout bravement et sans calculer la hauteur. La voiture, les deux hommes, les pauvres bêtes, tout s'en alla en capilotade. Le comte, à moitié rompu, essaya de relever la tête.

— A présent, monsieur, *avé vous vou mioux ?* dit-il, d'une voix éteinte.

— No ! répliqua l'autre à moitié mort.

— Je suis content.

On les releva sans connaissance; on les remporta au château. Ils restèrent au lit des mois entiers ; ils n'en moururent point, mais ils s'étaient bien cassé quelque chose. Qu'importe? leur réputation d'excentricmen resta intacte.

Une des grandes curiosités de la capitale de l'Autriche c'est l'église des capucins, non pas qu'elle soit plus belle qu'une autre, mais parce qu'elle renferme les tombeaux des empereurs et de la famille impériale. Celui de la grande Marie-Thérèse et de son mari tient le milieu du grand caveau. Elle est représentée à demi-couchée près de François de Lorraine : les statues sont assez belles, elles sont surtout intéressantes par les costumes et les ornements.

Joseph II est à côté, ainsi que des petits enfants.

Ce ne sont pas ces mausolées qui attirent le plus les regards cependant. On tourne à droite, on entre sous une voûte assez basse où sont des cénotaphes beaucoup plus simples, et, dans un enfoncement, tout seul, on vous en montre un sur lequel il n'y a qu'un nom et une croix.

Ce nom, il a dominé le monde, et il est venu s'éteindre dans cette crypte solitaire ; ce nom, c'est celui de Napoléon ; cette tombe est celle du duc de Reischstadt.

Pauvre enfant, mort si jeune ! Fils d'un tel père, et s'éteindre sans laisser de traces, sans avoir rien fait d'utile ! Mourir loin du pays où l'on est né, loin de sa mère et chargé du poids d'un souvenir immense, lorsqu'on n'est qu'un prince presque ignoré, presque oublié, n'ayant d'autre valeur qu'un reflet de cet astre éteint !...

Pauvre, pauvre jeune homme ! Cette infortune est si immense, si saisissante, qu'elle efface toutes les grandeurs qui l'entourent. On ne voit que lui, on ne pense qu'à lui, et nul ne peut lui refuser la sympathie et les regrets.

On se retourne encore pour voir ce triste cercueil, et l'on ne peut l'oublier quand on l'a vu !

Nous quittâmes Vienne et nous prîmes la route de terre, la navigation du Danube étant interrompue l'hiver. Les voitures n'étaient pas commodes et assez mal suspendues. L'intérieur contenait quatre places, que nous occupions, et, sur le devant, était un cabriolet pour le conducteur et un ou deux voyageurs.

Il n'y a pas moyen de voyager autrement quand on n'a pas de voitures à soi, excepté sur les lignes de chemins de fer. Il y en avait une en exercice, de Vienne à Leipzick. Nous en profitâmes, bien entendu.

Nous courrions à travers les vastes plaines de la Bohême, pays assez triste ; la neige couvrait tout et le soleil la faisait étinceler comme du cristal. De pauvres lièvres, lapins, et toutes sortes de gibier, ne trouvant rien à paître, couraient comme des désespérés dans ces champs à perte de vue ; il eût été bien facile d'en abattre une grande quantité.

Nous en avions beaucoup mangé à Vienne, entre autres des faisans comme je n'en ai jamais trouvé ailleurs : ils étaient exquis.

Vers le soir, la neige recommença à tomber avec une telle abondance que les rails en furent obstrués. Nous nous arrêtâmes une première fois dans une grande auberge, au milieu d'un petit village ; on nous laissa libres de souper et nous profitâmes de la permission. Toutefois la chose fut plus difficile que nous ne l'avions supposée d'abord.

Cette auberge n'avait qu'une immense salle, où tous les gens du pays venaient, le soir, fumer et boire de la bière. Le tabac, qui régnait en maître en Allemagne, n'avait pas encore, en France, le droit de cité universel et omnipotent qu'il a acquis depuis lors. J'avoue aussi que je n'ai pas, pour cette herbe puante, une sympathie bien vive et qu'il m'est absolument impossible d'avaler une bouchée au milieu de ces nuages.

Nous n'avions donc aucune idée des tavernes allemandes. Il fallut bien m'y faire. J'étais destinée à en fréquenter plus d'une pendant mes pérégrinations. Lorsque le chemin de fer se fut vidé complètement dans ce caravansérail, il n'y eut plus une place à prendre et nous nous trouvâmes bientôt environnés de cent deux pipes, exécutant ensemble l'exercice le mieux nourri.

Les femmes ne semblaient pas s'en apercevoir. Elles étaient aussi à l'aise dans cette atmosphère que dans un bosquet de roses. Elles mangeaient, criaient, riaient à qui mieux mieux.

Joignez aux pipes deux immenses poêles situés aux deux extrémités de la salle et qui donnaient une chaleur lourde à suffoquer. On avait le choix entre ce lieu de délices et un froid épouvantable à l'extérieur, la neige tombant à flots, la route envahie : il n'y avait qu'à choisir entre ces deux extrémités ; nous choisîmes l'auberge. Un mal de tête se guérit plus vite qu'une fluxion de poitrine.

On nous servit un mets que nous avions commencé à entrevoir en Bavière, et qui ne devait plus nous quitter jusqu'à notre retour en France. Nous le rencontrâmes même en Italie, quoique plus rarement et un peu perfectionné.

Ce sont des morceaux de veau coupés très minces et en longues tartines, comme des feuilles de papier. On les bat avec une palette de bois, jusqu'à ce qu'il n'y reste plus une goutte de jus et qu'on les ait rendus semblables à du parchemin. Alors on les jette dans du beurre, qui noircit au fond d'une poêle, on les fricasse et on vous les sert avec ce beurre qui ressemble à de l'encre : c'est horrible.

Je ne saurais vous apprendre le nom de cette friandise ; nous ne pûmes pas le comprendre et nous en fîmes celui-ci : *des suitres-pattes* ; ce n'était assurément pas le véritable nom, mais il resta, et le plus joli, c'est qu'on nous comprit lorsque nous essayâmes de le refuser, bien en vain, hélas !

Lorsqu'on est jeune et gai, l'on rit de tout. Nous prîmes le parti de rire, ce qui étonnait nos sérieux voisins. On ne se voyait pas à trois pas, tant la fumée était épaisse. Nous ressemblions aux divinités de l'Olympe, lorsqu'elles cherchaient à se dérober aux mortels tout en se mêlant à leurs plaisirs.

Tout à coup, une phrase prononcée en très bon français et sans aucun accent frappa mon oreille. On m'offrait une dragée dans une bonbonnière fort élégante. Je voyais le bras et la main qui tenait la bonbonnière, c'était tout ; le reste de l'individu m'était caché. La voix était douce et la phrase très polie : je n'acceptai pas néanmoins.

Mon remerciement était assez gracieux pour que la

conversation pût s'engager. On n'y manqua pas. La manche appartenait à un habit d'uniforme ; avec un effort d'attention, je parvins à découvrir que nous avions pour voisins cinq ou six officiers autrichiens. Ils faisaient bien entendre leur partie dans ce concert de pipes ; néanmoins, celui qui m'avait parlé fumait un cigare, autre engin d'infection.

« Mon Dieu, monsieur, lui dis-je, comme vous parlez bien français !

— Cela n'a rien d'étonnant, madame, bien que je sois Allemand ; mon père et mon grand-père sont aussi Français que vous. Ils ont émigré l'un et l'autre. Mon père s'est marié à Vienne. J'y suis né, et nous y sommes tous restés dans la famille de ma mère ; nous avons renoncé à notre pays, mais nous parlons toujours français entre nous. »

Ce jeune homme était le comte de Bellegarde, fils de celui qui a occupé en Autriche de si hauts emplois ; sa mère appartenait à une des premières familles de l'Empire. La conversation s'engagea fort gaiement avec ces voisins que le hasard nous avait donnés, et la soirée se passa plus vite. On crut avoir déblayé la voie et l'on nous engagea à monter en wagon, ce que nous fîmes avec l'espoir d'arriver le lendemain à Leipzick.

A minuit, nouvel arrêt et bien plus grave, hélas ! Impossible d'aller plus loin, la voie était obstruée par des montagnes de neige. L'endroit où nous étions nous fit regretter même l'auberge de l'après-midi ; nous n'avions pour tout refuge que des hangars, les salons d'attente de la gare assez petits, et des espèces de remises. Un village était à quelque distance : on y eût trouvé plus de ressources, mais le moyen d'aller jusque-là !

Les gros bonnets tinrent conseil. On décida que les femmes coucheraient dans la salle, sur des matelas qu'on allait y jeter. Il y faisait très chaud et l'on n'y fumait pas ; c'était quelque chose. Les hommes s'établirent sur de la paille dans les hangars et dans les remises. La nuit se passa ainsi, fort désagréablement comme on le pense. Le lendemain, toute la matinée, il fallut rester là et vivre comme l'on put. Nous trouvâmes le moyen de vivre encore et de prêter à rire, qui pis est.

Nos jeunes officiers, qui savaient que nous allions en Pologne, nous assurèrent que nous serions poursuivis par des loups et que nous aurions beaucoup de peine à leur échapper; ils nous firent une description magnifique des combats livrés par des voyageurs à ces animaux affamés.

Quand nous eûmes repris le chemin de Leipzick, les récits de drames continuaient, jusqu'à ce que nous nous séparâmes, nous très convaincus que nous allions courir des dangers abominables, et eux se moquant de nous, assurément, d'avoir été si crédules.

Leipzick n'est pas beau; je l'ai peu vu, bien que j'y sois passé trois fois ; je me rappelle seulement une ruine, située sur une colline, au-dessus de la ville. La ruine a beaucoup d'étendue ; ce devait être un beau château du temps du moyen âge.

Nous entrâmes bientôt en Pologne, ce pays dont on parle tant. Je fus un peu de l'avis des grognards du premier Empire qui, traversant les marais qui se rencontrent dans certaines parties, s'en allaient la tête basse, mouillés comme des canards. Ils disaient :

— Quand on pense que ces gens appellent cela une patrie !

J'avais une autre scie dans la tête; elle ne me quitta pas jusqu'à la frontière.

A un banquet tant soit peu séditieux et jacobin où se trouvait Roger de Beauvoir, on chantait des chansons patriotiques, et, après avoir bu, on s'était monté à un diapason très élevé. Il n'était guère gai et pas du tout même, ce banquet. Dans ces eaux-là, on commençait à s'ennuyer. Il vint l'idée à Roger d'une mystification pour le distraire.

— Messieurs, s'écria-t-il, je demande la permission d'improviser des couplets.

— Bravo ! bravo ! Roger, c'est à merveille ; nous écoutons.

Il se lève, et il entonne d'une voix tonnante, sur l'air *T'en souviens-tu ?*

> Les Polonais dans la Pologne !...

Des applaudissements frénétiques l'interrompirent,

> Seront toujours, toujours les Polonais.
> Oui, oui, toujours, toujours...

— Silence ! écoutons !
Il recommence :

> Les Polonais dans la Pologne...

Et ainsi de suite, les deux vers jusqu'à la fin du couplet. Je chantai ce refrain tant que j'y fus, dans cette Pologne ; ce souvenir ne me quitte pas.

Nous passâmes à Tarnow, tout près de Cracovie, sans pouvoir aller jusque-là ; nous en étions à un quart d'heure de distance ; j'aurais bien voulu voir cette ville, pleine de souvenirs, même de ceux de nos princes qui ambitionnèrent le trône de Pologne : c'était là qu'on sacrait les rois. La vieille église où se faisait la cérémonie est encore debout. Par une singulière coutume, il fallait que le corps du roi défunt fût présent.

Ces petites villes de Pologne, je ne sais pourquoi, ont beaucoup de rapport avec les villes d'Italie. Elles ont des places entourées d'arcades, et des fontaines au milieu. Les églises participent déjà un peu des coupoles grecques ; elles ont des renflements et des rentrées qui ressemblent aux petits dômes des mosquées.

Stanislaow, que nous traversâmes également, est dans le même genre ; cela se ressemble assez pour se confondre dans ma mémoire; quant à Léopold, ou Lemberg, c'est une belle ville, assez grande et très bien habitée.

Ce qui était odieux dans cette Pologne, c'était la nourriture. Impossible de rien manger nulle part, pas même du pain. Ils mettent partout — dans le pain aussi — une petite graine noire qu'on appelle du cumin; cela ressemble à l'anis, mais c'est moins bon. Vous jugez le singulier goût que prend une fricassée quelconque ainsi assaisonnée; pour moi, je faillis en tomber malade.

Lemberg a une salle de spectacle, une troupe française y jouait. Nous y allâmes : on nous donna *la Jeunesse de Henri IV;* je vous jure que ce n'était pas Mlle Mars, néanmoins cela nous fit plaisir de retrouver des compatriotes. Ils avaient eu une singulière idée. Betzy se mettait à chanter... quoi? une ballade vénitienne dont les parties étaient de ce pauvre Théophile de Ferrières. Je la lui avais entendu réciter chez la princesse Metchersky, et je l'ai sur mon album, écrite de sa main.

> Venise adorée
> Dansera ce soir.
> Prends, mon adorée,
> Ton domino noir !

Selon le refrain, c'était un singulier rapprochement, n'est-il pas vrai? Lemberg devait m'amener des aventures particulières ; nous verrons ce qui m'arriva quand j'y retournai.

De Lemberg à Czernowitz, où nous devions séjourner, la route est bordée de forêts. Nous étions presque toujours sous les arbres. Nous faillîmes mettre en action le roman inventé par le comte de Bellegarde ; les loups nous poursuivirent toute une nuit. Je n'étais pas rassurée le moins du monde en voyant luire leurs yeux de feu, des deux côtés de la route. Ils nous quittaient à l'entrée des villages et nous reprenaient ensuite. Ils nous tinrent ainsi compagnie jusqu'au jour.

Depuis Paris jusqu'à ce coin reculé de la Bukowine, nous n'avions pas aperçu un pouce de terre; la neige était partout. Le coup d'œil me semblait un peu monotone, je l'avoue. Nous devions attendre à Czernowitz des nouvelles; nous nous y établîmes tant bien que mal, dans la meilleure auberge de la ville. J'occupais une chambre au rez-de-chaussée; les fenêtres donnaient sur la place, où se tenait le marché; c'était, pour des Occidentaux, un coup d'œil très curieux, je vous l'assure.

Les paysans et les paysannes des environs ont — ou du moins avaient alors — une grande ressemblance dans leur costume avec les Arabes. Ils apportaient leurs volailles, leurs légumes, dans des paniers de forme étrange, vêtus de blanc, la tête enveloppée dans une sorte de voile, leurs jupes courtes, serrées à la taille par une ceinture de couleurs voyantes et bigarrées. C'était tout à fait pittoresque.

La ville n'est pas belle, elle domine le Pruth; ensuite le pays continue à être boisé et montagneux. Quand nous le parcourûmes après un séjour d'un mois à Czernowitz, le printemps triomphait dans toute sa splendeur, la neige était fondue, la verdure reparaissait de toutes parts, les haies se couvraient de fleurs. C'était magique. Jamais changement à vue ne fut plus frappant.

CHAPITRE XV

A la frontière de Russie, nous eûmes un désagré-
ment véritable. Nous voulions entrer par Nowoselitz
pour nous rendre de là à Sculini et entrer en Moldavie
de ce côté; nous fûmes mis pleinement à la porte,
nos passeports ne portant pas la signature de l'am-
bassadeur de Russie à Paris. Nous ignorions cette
nécessité. Il nous fallut donc faire un grand détour,
revenir sur nos pas et nous présenter à la frontière
par ailleurs.

Les principautés, ce que j'en ai vu du moins, ne
ressemblent en rien aux autres contrées de l'Europe.
La nature a beaucoup fait pour ce sol d'une fertilité
inouïe. Au lieu d'aller coloniser les déserts de l'Amé-
rique, les émigrés allemands feraient bien mieux de
demander des concessions en Moldavie. Il suffit de

gratter la terre pour qu'elle produise; nous n'avons pas l'idée d'une semblable végétation. On y fait des vins exquis; les uns ont beaucoup d'analogie avec notre bordeaux, d'autres avec le bourgogne. Malheureusement, ils ne peuvent se transporter. Si des hommes spéciaux se rendaient sur les lieux et s'adonnaient à la culture de la vigne, s'ils apportaient leur science de fabrication et les ustensiles nécessaires, ils arriveraient, je n'en doute pas, à des résultats magnifiques. Tout est à faire en ce pays, et tout peut se faire; les éléments y sont, il ne faut que les employer.

Je parle toujours d'il y a vingt-deux ans; maintenant la civilisation a dû marcher, tout doit être bien changé là-bas, et les communications plus faciles ont dû amener des améliorations immenses. La vie était pour rien en ce temps-là : un poulet se vendait cinq sous ; un mouton énorme, de cinquante sous à trois francs. J'ai vu payer deux truies et quinze cochons de lait dix francs ; le reste à l'avenant, bien entendu.

Je suppose qu'il n'en est plus de même à présent.

Les villes ne sont pas régulières; Iassy, la capitale, pas plus que les autres. On dirait qu'un génie malin a secoué toutes les maisons, dans un cornet gigantesque, et les a jetées au hasard sur la terre comme des dés : les unes ont la façade par ici, les autres par là, cela ne ressemble à rien de commun. Le bois joue un grand rôle dans ces constructions.

Quant au paysage, il varie beaucoup. Ce sont tantôt de vastes plaines désertes semblables aux prairies américaines décrites par Cooper, tantôt ce sont des collines boisées et, de temps en temps, un village avec son église et son clocher bizarre ; ou bien de grands lacs qui se suivent, des cours d'eau considérables, des maisons des boyards, bien situées aux environs des champs cultivés, où le maïs a six ou sept pieds de haut, des terres couvertes d'herbes et de joncs où le gibier abonde, et quel gibier ! je n'en ai jamais mangé de meilleur !

De grands buffles, des troupeaux nombreux de moutons peuplent ces pâturages, des oiseaux inconnus à nos latitudes s'y rencontrent également. Un chasseur peut y mener sa vie de nemrod mieux que partout ailleurs. Il n'y a qu'à se donner la peine de tirer des coups de fusil.

Ah! tout cela est très loin. Ma mémoire en garde le souvenir fidèle. Nous allons revenir à Baden, parler de Spa, puisque nous en sommes aux voyages.

Ce temps-ci croit avoir tout inventé.

Il supprime le passé de parti pris en se persuadant qu'avant lui tout marchait de travers sur la machine ronde. On ne savait ni s'amuser, ni souffrir, ni écrire, ni parler. Si l'on avait la forme, l'art de bien dire, ce que l'on disait ne valait pas la peine d'être approfondi. On ne manquait pas d'un certain esprit, avant messieurs de l'*Encyclopédie*, mais c'était un esprit futile, routinier, terre à terre, incapable de hautes conceptions; voyant les choses de ce monde d'une façon exclusive et ne sortant jamais du cercle étroit tracé par ces mots d'un autre âge : foi, honneur, dévouement, patriotisme. Que faire de gens assez niais pour arborer cette devise :

« Mon Dieu, mon roi, ma dame? »

Nous avons beaucoup simplifié, et nous résumons par une seule syllabe ce qui demandait jadis des phrases; cette syllabe, c'est :

« *Moi!* »

A *moi* tout se rapporte; pour *moi* tout s'accomplit ici-bas; il est l'unique moteur des actions, des paroles et des pensées. Ajoutez-y cet autre substantif : « Argent! » vous aurez le vocabulaire complet de cette époque de progrès et de lumières; il n'est pas nécessaire d'en savoir davantage : toutes choses tournent sur ces deux pivots.

Donc, en ce siècle barbare, qui a précédé immédiatement celui-ci, et qui, pour être juste, a préparé sa dépravation, en ce siècle, dis-je, on allait, tout comme nous, aux eaux dans les mois d'été. On y allait même auparavant ; les Romains les connaissaient presque toutes. Marguerite de Navarre, Henri III, Charles II, buvaient à Spa ; Mme de Sévigné prenait des douches à Vichy ; Mlle de Montpensier recommandait fort les sources de Forges. Enfin, les personnages célèbres depuis 1700 couraient les villes de bains et s'y soignaient de leur mieux, sans compter qu'ils s'y divertissaient fort.

Les années précédentes, en cette saison, la fashion tout entière se pressait aux courses de Baden, aux fêtes qui les accompagnaient. A présent, plus de Baden, plus de courses, plus de fêtes ; il ne nous reste que des regrets et bien peu d'espérance ; la meilleure manière d'oublier ce que nous avons vu et ce que nous verrons peut-être, c'est de se réfugier dans ce passé qu'on veut effacer totalement, — ce que Dieu lui-même serait impuissant à accomplir.

Il me semble assez curieux d'établir ce que faisaient nos pères, et de comparer leurs habitudes aux nôtres ; quant à leurs idées, il n'y faut pas songer, nous ne nous comprendrions plus.

Il existe à l'extrémité d'un royaume, à qui nous devons une vive reconnaissance depuis nos malheurs, une oasis ravissante, cachée dans les montagnes, au milieu d'une nature splendide et dont les sources bienfaisantes rendent chaque année la santé à plusieurs milliers de malades. Il y a cent ans au plus, ces eaux de Spa étaient surnommées les *bains diplomatiques*, parce que toute l'aristocratie de l'Europe y défilait pendant les beaux jours.

Le hasard a fait tomber entre mes mains un vieux livre, datant de la Régence, et intitulé : les *Amusements des eaux de Spa*. C'est une espèce de journal d'un baigneur, imprimé à Amsterdam en 1734, c'est-à-dire plusieurs années après qu'il a été écrit.

L'auteur en est resté inconnu : les bibliophiles, pour qui ce bouquin est assez précieux, l'ont attribué à plusieurs écrivains, et se sont enfin ralliés à l'opinion presque unanime, qu'il appartenait au chevalier de Rolignac, gentilhomme distingué du Périgord.

Il était à Spa l'année d'après celle où Pierre le Grand vint s'y faire traiter. Il n'a pas vu le czar par conséquent, mais il a interrogé ceux qui l'ont servi et il a recueilli des détails authentiques sur cet homme extraordinaire. C'est de Spa, dit-on, qu'il ordonna la mort de son fils, le czarewitch Alexis, pendant qu'il se faisait frictionner, doucher, et qu'il buvait des flots d'eau minérale, à la fontaine du Pouhon. Le monument assez laid élevé à sa mémoire existe encore, avec l'inscription qu'il y fit placer.

Les chemins de Liège à Spa étaient presque impraticables. « Ce sont, dit le chroniqueur, des déserts incultes et pierreux. Les cochers du pays s'égarent souvent dans les premiers jours de la saison, parce que les chemins se détraquent en hiver et que les terrains se déplacent. » Ils étaient si étroits que les voitures un peu larges n'y pouvaient passer ; mais l'on bravait toutes ces *horreurs* dans l'impatience d'arriver à ce lieu de délices.

Ici, le progrès est incontestable. De Liège à Spa on découvre une succession de points de vue remarquables, des maisons, de jolies campagnes, des usines, des villages. Le chemin de fer y transporte en fort peu de temps, et la variété des objets fait paraître la distance plus courte.

Au lieu de la mignonne ville d'aujourd'hui, c'était un amas de maisons bâties en bois, petites et obscures, où il se trouvait pourtant *douze cents lits* pour les étrangers. Chacune de ces maisons arborait les armes des personnages de distinction qu'elle avait abrités, et de plus une enseigne, car il n'existait pas de numéros. Les écussons armoriés ont disparu, les enseignes sont restées et se lisent encore sur les portes des particuliers. Dans les auberges, lorsqu'on se trouvait trente personnes à table, on criait à la foule.

La vie était plus simple, on avait moins de luxe, plus de bonhomie. Les gens qui se convenaient se triaient promptement, et formaient alors une coterie qui ne se quittait pas du matin au soir. Voici, du reste, le programme de la journée du bel air en ce temps-là. Je copie :

— « On se lève tous les matins au point du jour.

« A quatre heures chacun vient, en déshabillé, à la « fontaine du Pouhon.

« A cinq, au plus tard, ceux qui doivent aller aux « autres fontaines montent dans leurs voitures pour « s'y rendre.

« A neuf, tous les buveurs se retirent pour aller « s'habiller.

« A dix, les dévots vont à la messe.

« A onze, les hommes descendent au café, s'il pleut, « ou se promènent dans la rue, si le temps le permet.

« A onze heures et demie, on se met à table partout « pour dîner.

« A deux heures après-midi, on va en visite, ou à « l'assemblée chez les dames.

« A quatre, on va à la comédie ou à la promenade, « soit au jardin des Capucins, soit à une prairie, qui « a pris le nom de *Prairie de quatre heures.*

« A six, le souper dans toutes les auberges.

« A sept, une promenade à la *Prairie de sept heures.*

« A dix heures, on n'entend plus personne dans les « rues, et les habitants se conforment à cet ordre, « comme les *Bobelins* (étrangers). »

Voulez-vous comparer ?

Maintenant on se lève assez tard, on va visiter en voiture, à pied, à cheval, les splendides environs ; on déjeune, on entend un orchestre excellent à cette même *Prairie de sept heures,* devenue une allée sans pareille, plantée d'arbres gigantesques. On dîne à cinq heures, à sept on retourne à la musique jusqu'à neuf, où l'on entre à la redoute. Beaucoup s'occupent exclusivement du jeu, d'autres causent. On danse chaque soir, avec un entrain incomparable ; tous les samedis on donne un bal paré, sans préjudice du théâtre, des concerts, où l'on entend les plus grands artistes, des fêtes de nuit illuminées à giorno et des fêtes champêtres.

Autrefois, on taillait un pharaon dans les différents cafés, et l'on y perdait des sommes folles au profit d'une quantité de chevaliers d'industrie qui s'y abattaient. Les jeux ne furent institués que quarante ans plus tard, et plus tard encore on organisa les superbes salons que l'on voit aujourd'hui et qui ont conservé le style de leur construction.

Sous la Régence, les hommes et les femmes, pêle-mêle à la fontaine, prenaient les eaux, avec toutes leurs conséquences ; c'était reçu. On s'en amusait beaucoup, on en riait, les plus hauts personnages se mêlaient à la foule. Là était l'égalité véritable, celle de la gaîté et de l'esprit. Tous les buveurs avaient à leur boutonnière une sorte de petit cadran en ivoire, qui portait seize points et qui était fourni d'une aiguille, comme une montre, afin de marquer le nombre de verres d'eau. Les femmes le plaçaient à leur ceinture.

Dès qu'un gentilhomme arrivait à une auberge, on lui prenait son épée, sous prétexte que c'était l'usage, par ordre du prince évêque, mais en réalité pour éviter les rixes, entre gens de tant de nations différentes, qui pouvaient se prendre de querelles et les vider ainsi sans réflexion.

La première visite qu'on recevait était celle des pères capucins, qui venaient offrir leur jardin, comme but de promenade. Ce jardin, le plus beau et le plus fréquenté de toute la ville, s'ouvrait moyennant une aumône quelconque faite au couvent. On y pouvait rester jusqu'à six heures du soir ; les femmes ne péné-traient pas dans le monastère, certaines parties du jardin même leur étaient interdites.

Ni du couvent, ni du jardin, il ne reste plus de vestiges.

Spa appartenait à l'évêque prince de Liège et à son chapitre noble. Aussi les capucins et les autres moines y étaient tout-puissants. Cependant, la majorité des baigneurs étaient des Anglais, des Allemands, tous hérétiques. Ils inculquaient même leurs usages aux habitants, assez disposés à s'y soumettre, car déjà le soin de leurs intérêts était leur première préoccupation : ils devançaient leur temps.

S'il pleuvait, on se réunissait dans une grande salle, près de la fontaine, et là on jouait, ainsi que je l'ai dit, au pharaon ou aux dés.

Pour peu qu'il fît moins mauvais, tout le monde arpentait la rue, la seule promenade possible avec de tels chemins. Alors, les *Bobelins* se retrouvaient tous ensemble, et, là encore, l'égalité existait pleine et entière. Princes, duchesses, financiers, moines, poètes et demoiselles se heurtaient sur le pavé, sans que cela tirât à conséquence. Une ancienne coutume voulait même qu'on nommât un *roi des Bobelins*. C'était ordinairement un personnage ridicule, à qui l'on faisait payer sa couronne par des mystifications de toutes sortes. Il devait amuser ses sujets, et, s'il n'y réussissait pas, on le détrônait, absolument comme cela se pratique aujourd'hui en France et ailleurs.

La galanterie des hommes pour les femmes était fort attentive. On formait chaque jour des parties, on visitait, comme à présent, les fontaines de la *Géronstère*, du *Tonnelet* et de *Barisart*. Les chevaliers s'arrangeaient pour qu'on trouvât dans les bois des harmonies de cor, des concerts ambulants. Souvent, dans la Prairie de quatre heures, on dansait tout simplement aux chansons, et les passants étaient invités à s'y joindre. Nous voilà bien loin des toilettes, du luxe et des étiquettes de costumes. Un homme pouvait, sans inconvenance, au contraire, offrir un bal à une femme de la société ; il invitait ceux ou celles qu'elle désignerait. Le souper venait ensuite ; ils étaient, lui, le roi, elle, la reine de la fête, et, ce qu'il y avait de plus étrange, c'est qu'on n'en médisait point, pourtant l'on s'amusait bruyamment et beaucoup.

Maintenant de pareils plaisirs ne seraient peut-être du goût de personne. Aux yeux de la généralité des gens, le grand mérite d'une fête est dans le prix qu'elle coûte. Jadis, tout était bon marché. Un maître et son valet, bien logés, bien nourris, dépensaient à eux deux dix francs par jour, y compris les voitures pour les parties.

Point de toilettes, des *déshabillés*, encore moins de cérémonies ; des liaisons intimes très vite nouées et très vite rompues après la séparation. On se rencontrait, on se plaisait, on était gens de qualité, dès lors, on ne se quittait plus ; on formait un cercle, et les personnes qui en faisaient partie étaient ensemble comme des amis de vingt ans. On allait entre soi au bal public, sans parler aux étrangers. On s'enquérait des nouvelles pour en discourir. On faisait collectivement de bonnes œuvres, on se confiait de ses affaires ce que la nécessité du moment exigeait, et, la saison finie, on se disait adieu, pour s'en aller aux quatre points cardinaux, en emportant de charmants souvenirs.

Si l'amitié allait de ce train, jugez de ce que faisait *l'autre !*

Tout ceci est loin du tapage, de l'éclat d'aujourd'hui ; c'était moins brillant, mais plus amusant, plus gai. Il y avait place pour douze cents personnes ; cette année il y en a eu douze mille, et, malgré la suppression des jeux à la fin de 72, Spa ne perdra rien de sa vogue et de sa splendeur.

Il y a longtemps qu'elles durent, on le voit ; elles dureront plus longtemps encore, si toutefois ce n'en est pas fini de toutes les splendeurs, et si l'avenir nous conserve encore quelques beaux jours, ce que je veux espérer.

CHAPITRE XVI

Il faut en venir maintenant à une des plus grandes,
une des plus puissantes personnalités de ce temps-ci,
à Alexandre Dumas. Peu de personnes l'ont aussi bien
et aussi longtemps connu que moi ; peu de personnes
ont été mêlées à sa vie autant que je l'ai été pendant
bien des années et, par conséquent, je puis conter sur
lui une foule de choses inédites, je puis réfuter beaucoup de mensonges et présenter les événements sous
leur véritable jour.

J'ai rapporté comment j'avais vu à Nancy Mlle Marguerite Ferrand, comment je l'avais découverte sur la scène
dans *Thérésa* alors qu'elle était devenue Mme Ida Ferrier, qu'elle s'était mise au théâtre. Je vais maintenant reprendre les choses de plus loin.

Mlle Ferrand était fille d'un homme fort distingué, qui, je ne sais pourquoi ni comment, était devenu maître de poste aux environs de Nancy, si ce n'est à Nancy même. Il aimait les chevaux à la folie et en avait une grande quantité dans de beaux herbages. On m'avait assuré, mais de cela je n'en réponds pas, qu'il était fils naturel de M. le prince de Conti et qu'il tenait de la munificence de son père l'espèce de fortune qu'il avait eue. Laquelle fortune s'en allait grand train, par parenthèse, et dont il ne laissa rien en mourant.

Etant fort âgé, il épousa une femme des plus communes, dont il avait eu trois enfants. Je l'ai toujours crue cuisinière. Elle en avait toutes les allures et, de plus, une profonde science des ragoûts, des cornichons, des confitures, de tout ce qui tenait à la gourmandise et à l'office. Elle possédait une foule de recettes et faisait du vinaigre dont le secret est perdu, je crois, je n'en ai jamais retrouvé de pareil.

Une chose bien plus étrange, c'est qu'elle était aussi laide, aussi commune, que femme puisse être et que sa fille, belle, distinguée, lui ressemblait infiniment, au point qu'on les reconnaissait l'une par l'autre, sans pouvoir s'en rendre compte assurément.

Elle avait eu deux fils, plus âgés que Mlle Ida, qui étaient beaux comme le jour. On assure que M. Ferrand était superbe et qu'ils lui ressemblaient, mais alors pourquoi tant ressembler à cette excellente Mme Ferrand?

Marguerite fut élevée dans une pension qui n'existe plus et que des chanoinesses allemandes avaient fondée à Strasbourg. Beaucoup de filles nobles d'Alsace et d'Allemagne de cette époque y ont fait leur éducation. C'est là que Mlle Ida a pris des manières distinguées si remarquables.

Elle était fort instruite, parlait et écrivait admirablement le français et l'allemand. Ces jeunes filles jouaient la comédie sur un petit théâtre. Mlle Ferrand

s'y fit remarquer par son talent; elle y prit le goût de
l'art dramatique et, certes, ne se doutait pas alors
qu'elle deviendrait une artiste et que sa vie suivrait
une telle direction.

Elle quitta Strasbourg quand son éducation fut terminée et retourna chez ses parents. Elle vécut quelque
temps à Nancy. C'est alors que je l'y ai vue. Malheureusement, son père, qui aurait pu la garder, vint à
mourir en laissant des affaires très embarrassées.
Elle avait dix-sept ans à peine, et sa mère n'était pas
capable de les débrouiller. Un autre malheur voulut
que ses deux fils mourussent aussi, tout jeunes qu'ils
étaient. Elle resta donc absolument seule au monde
avec Mme Ferrand qui, loin de mettre obstacle à ses vo-
lontés, s'empressait de les prévenir.

On comprend ce que devaient être les aspirations
d'une jeune fille élevée comme celle-là, dans le luxe,
au milieu de l'aristocratie, dont les instincts se déve-
loppèrent dans une société essentiellement élégante
et sous la direction de femmes aussi éloignées de toute
vulgarité que des chanoinesses. Son père passait pour
très riche. Elle le croyait, parce qu'il en avait toutes
les allures, parce que, dans son enfance, elle avait vu
une bonne maison, et qu'à cet âge-là on ne soupçonne
même pas le malheur.

Lorsqu'elle se trouva seule, en face d'une ruine
complète, ayant pour toute protection une mère excellente, j'en conviens, qui l'adorait, mais incapable de
faire autre chose que des fricassées, elle vit son abandon, elle se sentit condamnée pour toute sa vie à la
misère, à l'obscurité, et tout son être se révolta.

Elle avait la conscience et la certitude de son intelligence et de sa beauté. Elle comprit qu'elle était elle-
même son seul capital, son seul espoir. Il fallait choisir, et choisir sans conseil. Ou végéter en province, en
fermant son avenir, en faisant usage de ses talents
pour vivre ; ou bien jeter loin d'elle les souvenirs du
passé, se créer une vie complètement nouvelle, se

lancer dans l'inconnu, se servir de ce qu'elle avait appris pour se mettre en évidence, se faire remarquer et conquérir de nouveau ce que la fatalité lui avait enlevé : une position, une fortune.

Le choix n'était pas douteux, pour une jeune fille telle que celle-là. Elle dit à sa mère :

— Partons pour Paris.

Celle-ci répondit :

— Nous partirons demain.

Elles firent usage de leurs dernières ressources et se mirent en route.

Lorsque Mlle Ferrand dit de nouveau à sa mère :

— Je veux entrer au théâtre.

Elle lui répondit encore :

— Quand tu voudras.

Marguerite se souvenait des leçons des chanoinesses ; elle se souvenait d'avoir joué la comédie avec passion, elle se crut forte et ne douta pas qu'on ne fût heureux de l'accueillir. Elle jugeait la personne, mais elle ne jugeait pas son talent. Elle s'est crue jusqu'à la fin une des premières comédiennes de l'époque, et vous verrez plus tard quelles convulsions cette certitude amena dans son existence.

Mlle Marguerite Ferrand, ou, si l'on aime mieux, Mme Alexandre Dumas, n'a jamais été appréciée par ceux qui l'ont beaucoup vue, beaucoup fréquentée. On a fait sur elle une foule de sots contes. Je vais tâcher de dire la vérité, aussi impartialement que possible, en fouillant dans les nombreux souvenirs de toutes sortes que j'ai conservés d'elle.

Il y a de détestables natures, je suis forcée de le reconnaître, des créatures perverses, mais il est rare qu'on soit mauvais tout d'une pièce et qu'un petit coin de l'âme ne rachète pas le reste. Certaines personnes sont douées d'une séduction qui entraîne en dépit de tout ; d'autres ont un tact, une adresse supérieure, qui les aide à dominer, à fasciner ceux qui les approchent.

Ida avait de tout cela, et il était difficile de lui résister, lorsqu'elle entreprenait de plaire à quelqu'un.

Ce n'était pas une personne de cœur, bien qu'elle eût la prétention d'en avoir beaucoup, vis-à-vis des personnes qu'elle voulait dominer par des supériorités de toutes sortes. Elle connaissait et jugeait bien les gens qui l'approchaient, et posait avec eux pour les qualités qui répondaient aux leurs.

Ainsi, vis-à-vis des femmes dévouées, honnêtes, malgré quelques écarts, elle se plaçait en femme méconnue, aimante, pleine d'abnégation, ayant cédé à des sentiments irrésistibles, mais se repentant de ses fautes et incapable d'en commettre par un but d'intérêt ou par dévergondage de principes. Si elle avait failli, c'était faute de bons conseils, c'était son abandon total qui l'avait entraînée. Elle était aussi grande par la passion et le repentir qu'une autre eût pu l'être par l'innocence. Il fallait l'admirer quoi qu'on en eût. On ne l'eût accusée pour rien au monde ; je dis mieux, si quelque indiscret bavard lui prêtait une aventure un peu risquée, on la défendait à outrance, on se faisait rire au nez, mais l'on s'en souciait peu et l'on se drapait dans ses convictions.

Elle a même su persuader à des bégueules qu'elle était aussi prude qu'elles-mêmes, et que le péché lui faisait horreur.

Quand, au contraire, elle se trouvait dans un joyeux cercle de bohèmes, alors elle ne se contraignait plus et se montrait sans déguisement à ceux qu'elle croyait d'un commerce sûr. Il n'y avait pas de plus fol entrain que le sien. Son esprit se grisait vite et courait à bride abattue.

De là, viennent les différents jugements portés sur ce caractère multiple. Elle montrait une face à chacun, telle qui pouvait lui être agréable et lui obtenir un suffrage plus certain

Il y avait encore une autre face que personne ne voyait, excepté ses domestiques. Le hasard me la dé–

couvrit une fois : je n'ai jamais été plus étonnée. C'est la poissarde. Cette femme si élégante, aux termes si choisis, à la voix si douce, aux manières si distinguées, se servait envers ses gens du vocabulaire des Halles. Il n'est pas de jurons ignobles, de mots dégoûtants qui ne lui échappassent. Il semblait qu'elle parlât sa langue naturelle et que le reste fût de la comédie : on reconnaissait bien alors la face de la mère Ferrand.

Profondément corrompue, sans aucun principe, elle ne sut jamais résister à une fantaisie quelle qu'elle fût. Elle mettait de la passion dans tout. La plus impérieuse de toutes était celle des chiffons, et sa préoccupation la plus grave était sa beauté. Tout devait céder à ces deux puissances. Bien qu'elle fût très gourmande, elle se fût passée de manger pour avoir une cornette de dentelle, qui seyait à son teint, et les fantaisies les plus sérieuses ne lui eussent pas fait consacrer cinq minutes de moins à sa toilette.

On a dit d'elle une grande vérité.

Son premier mouvement était toujours mauvais. La réflexion seule le modifiait, non pas par la crainte de mal faire, mais à cause de ce qui pouvait résulter de désagréable ou d'ennuyeux pour elle, si elle cédait à ce mauvais instinct. Elle n'aimait qu'elle seule sur la terre et n'eut jamais une affection véritable pour qui que ce fût.

Ceux qui s'intitulaient ses amis n'avaient à ses yeux d'autres droits à ce titre qu'en lui étant agréables ou utiles. Elle les cotait suivant ce qu'elle pouvait tirer d'eux, et cela sans qu'ils s'en doutassent. J'en sais qui ont eu bien longtemps foi en elle, et dont les yeux ne se sont ouverts que par une triste et longue expérience acquise à leurs dépens.

Ceux pour qui elle a eu de l'amour n'ont pas été plus favorisés. Chez elle l'amour était violent, emporté, jaloux; elle exigeait tout et ne donnait rien qu'en exaltation et en emportement. Elle eût tué son amant, elle se fût tuée elle-même, dans un moment de frénésie, mais on ne lui connut pas un seul élan de tendresse, pas un de ces mots du cœur, qui font souvent tout pardonner.

Colère jusqu'à la fureur, elle ne vivait que de scènes; elle avait un besoin perpétuel d'émotions et s'en procurait par tous les moyens possibles. Dominante, impérieuse, tout devait s'humilier devant elle. Il ne fallait dans la maison qu'un seul pouvoir : le sien ; la résistance l'irritait à un point que l'on ne peut comprendre, lorsqu'on n'en a pas été témoin.

Son amour-propre était la cheville ouvrière de sa vie. Si on le blessait, il n'y avait pas de rémission à attendre, elle n'oubliait rien. De là sa jalousie effrénée, poussée à exaspération sans bornes, lorsqu'il s'agissait d'une rivale connue. Si, au contraire, la rivale était obscure, si nul ne connaissait l'affront fait à ses charmes, elle en prenait assez souvent son parti ; l'homme perdait ainsi le droit de regarder de trop près à ses actions, et lui laissait plus de liberté.

Comme elle n'avait d'autre frein que son caprice, son caractère était d'une inégalité sans pareille dans son intérieur. Elle savait très bien se contraindre devant des témoins auxquels elle voulait donner bonne opinion. Cependant, si son amour-propre était en jeu, elle éclatait même en face de la galerie. Elle conservait néanmoins assez de présence d'esprit pour mettre le beau rôle de son côté.

Elle raisonnait à merveille, quand elle voyait les choses de sang-froid. Elle savait la vie et déployait une finesse remarquable quand ses passions n'étaient pas en jeu. Alors, au contraire, elle perdait la tête et devenait incapable de se diriger. Elle a fait en sa vie des sottises immenses, qu'elle eût évitées avec un peu de réflexion.

Vis-à-vis de Dumas, elle fut aussi maladroite qu'on peut l'être. Il ne se serait point séparé d'elle, si elle eût

su prendre cette nature excellente qui ne demandait
que la paix.

J'ai vu bien des personnes en contact avec lui à
différents titres, pas une selon moi n'a été pour lui
ce qu'il fallait. Rien de plus facile que de vivre avec
notre grand romancier. Il fallait simplement ne pas
le déranger dans son travail, et lui présenter un visage riant lorsqu'après des heures passées à écrire ou
à s'occuper d'affaires, il venait demander à son intérieur un moment de distraction. Du reste, il était
content de tout, il accordait tout; on désirait sortir,
il aplanissait les difficultés ; on avait envie d'aller au
spectacle, la loge était là immédiatement; on voulait
avoir du monde, les invitations étaient lancées.

S'agissait-il d'un plat nouveau, d'un banquet, d'un
brimborion quelconque, on l'envoyait chercher n'importe où. Il était plein d'attentions et n'en demandait
qu'une seule : la tranquillité et le repos. On ne voulait jamais les lui accorder.

Je me suis beaucoup étendue sur une personne qui
exerça une influence extrême sur la vie d'Alexandre
Dumas ; sans elle, très probablement, cette vie eût été
tout autre. J'aurai occasion, dans la suite de ce récit,
de développer encore un caractère dont j'ai esquissé
seulement les principaux traits.

Je débutais dans la littérature ; j'avais une espèce
d'idée de faire du théâtre, je n'y avais aucun abou-
tissant. Je pensai à Mme Ida, qui, je l'espérais du
moins, pourrait me reconnaître et me servir auprès
des directeurs, auprès de Dumas surtout, que je désirais vivement connaître. J'hésitai beaucoup, cela se
conçoit ; c'était un grand parti à prendre qu'une pareille visite.

En ce temps-là, je l'ai peut-être dit, je suis forcée
de le répéter pour l'intelligence de ce qui va suivre,
il existait une ligne de démarcation très grande entre
le monde et le théâtre. La rampe était une barrière

que notre imagination et nos yeux franchissaient seuls ; nous n'aurions pas osé, si ce n'est en pensée, chercher ce qu'il y avait au delà.

Bien que j'eusse déjà fait paraître plusieurs nouvelles, je n'avais pas encore mis le pied parmi les artistes ; je tenais à la société par mille liens, j'en avais tous les préjugés et je tremblais en songeant que quelque indiscret pourrait découvrir des relations qui donneraient beaucoup à parler.

Néanmoins, je me décidai. Je devais faire de la littérature une chose sérieuse, la principale de ma vie, je devais rejeter les habitudes de mon enfance et de ma jeunesse et considérer l'avenir sous un autre aspect que le passé.

J'écrivis à Mme Ida sous mon pseudonyme encore inconnu ; je lui demandai un rendez-vous pour le lendemain à une heure que je fixais. Je m'y rendis toute tremblante, voilée comme si je faisais une mauvaise action ! Dumas et elle demeuraient ensemble rue Bleue, 17, je crois, dans un appartement au premier. La maison est abattue. Cet appartement assez modeste se composait de quelques pièces médiocrement meublées. On se tenait habituellement dans une espèce de cabinet, situé sur la cour, qui avait des rideaux de damas vert, les fauteuils pareils ; le bois était de l'érable et une grande toilette semblable, qui ressemblait à un bureau, tenait un des côtés tout entier. Ce meuble s'est conservé bien longtemps dans la maison, je l'ai revu dans plusieurs logements ; je ne sais pas s'il n'y est pas encore, dans quelque coin. Les vitres de la fenêtre et celles d'une porte qui donnait sur le corridor étaient peintes sur du verre dépoli par je ne sais quel artiste. C'étaient des fleurs ravissantes, que je n'ai pas oubliées.

Je trouvai Mme Ida d'abord fort sérieuse. Je ne relevai pas mon voile. Elle ne me reconnaissait pas. Elle était toujours en craintes par rapport à Dumas e voyait partout des rivales. Je fus déconcertée par cet accueil et je ne savais que dire. Nous en avons souvent ri depuis.

Enfin je repris courage, je montrai mon visage, je me nommai. Elle me reconnut et changea immédiatement. Je lui racontai ce que je désirais d'elle, et tout de suite elle me promit de m'aider et fut charmante.

— Tenez, madame, me dit-elle, voulez-vous voir Dumas ? Il est en prison à l'hôtel des Haricots, pour la garde nationale. Je vais le voir, voulez-vous m'accompagner ? Il sera enchanté et vous le trouverez tout prêt à vous être agréable.

— Est-il seul ?

— Parfaitement, nous pourrons causer.

J'en avais grande envie ; pourtant c'était bien une autre aventure, si cela se répétait ; si ma famille en était instruite, j'aurais à subir un interrogatoire rigoureux. Mon vif désir l'emporta, j'acceptai.

Nous montâmes en voiture et nous partîmes. Le chemin était long jusqu'à l'hôtel des haricots. Nous causâmes beaucoup et je la regardai tout à mon aise.

Elle avait un adorable visage, des yeux admirables qui semblaient noirs et qui ne l'étaient pas ; ses sourcils et ses cils, qu'elle peignait avec un art infini, paraissaient d'ébène. Sa peau était un vrai satin blanc, à peine rosé ; ses lèvres de corail, son nez d'un dessin irréprochable, complétaient un ensemble comme on en rencontre peu. Elle avait des cheveux d'un blond adorable ; quand elle les frisait en mille boucles, à la Mancini, elle ressemblait à un bel émail de Petitot.

Le seul trait défectueux de son visage était ses dents ; en dépit de ses efforts, elle ne put jamais les rendre belles. Elle faisait tout le reste de sa figure à peu près, mais elle dut y renoncer.

Sa taille commençait à devenir énorme ; ses pieds n'étaient pas jolis ; aussi inventa-t-elle les robes traînantes bien avant la mode ; ses mains et ses bras étaient des merveilles ; ses épaules et sa poitrine étaient d'une blancheur de lait, mais quelles masses!

Nous arrivâmes et l'on prévint le prisonnier qu'on le demandait au parloir. Est-ce ainsi que cela s'appelait? Je n'en sais plus rien.

Je n'avais jamais parlé à Dumas, je l'avais rencontré et aperçu; je le connaissais de vue, tout le monde le connaissait, comme tout le monde le connaît encore, mais c'était tout.

Il avait alors trente-trois à trente-quatre ans. Son visage a pu changer; il a engraissé seulement; l'expression s'est modifiée, mais il a peu vieilli. Sa taille était superbe; il est difficile d'en rencontrer une plus souple et plus gracieuse, mieux prise et plus élégante. On sait combien il est grand; sa main et son pied étaient d'une petitesse fabuleuse. On se mettait encore en culottes courtes en ce temps-là, pour certains bals. Dumas montrait volontiers de très belles jambes qui lui eussent valu bien des bonnes fortunes au XVIII siècle, alors que les femmes prisaient beaucoup cet avantage.

Il a de très beaux yeux bleus, ce qui contraste avec ses paupières et même ses cheveux. La couleur est celle d'un saphir et ils en ont l'éclat, lorsque son intelligence les anime.

CHAPITRE XVII

Le visage multiple. — Les trois Dumas. — Un anachronisme
dans ces temps-ci. — La dictée du cœur. — A quoi bon ? —
Le Dumas des *Impressions de Voyage*. — Allons chez Dumas !
— Le chêne, le Titan. — Vous et Hugo ; Hugo et vous ! —
Mlle Mars en scène. — Le bec de Vertvert. — L'hôtel des
Haricots. — La première visite à Dumas. — Aux petits
théâtres. — L'étoile d'une actrice. — Mlle Ida. — Ce qu'elle
fait de sa figure. — Sa toilette.

Ce visage est aussi multiple que les mouvements
de son esprit, dans la jeunesse surtout. On peut dire
qu'il y avait trois Dumas.

Le Dumas pratique, le Dumas d'*Antony*, de *Henri III*,
de *Christine*, exalté, sentimental, passionné, vivant
en dehors de ce monde et s'en créant un autre dans
les nuages. C'était celui de l'amour, celui que les
femmes rêvaient après avoir vu ses drames, celui dont
le regard exprimait à la fois tous les sentiments élevés
de l'âme, dont le front s'illuminait comme d'une
auréole, lorsqu'il se laissait aller à la rêverie et qu'il
exprimait ce qu'il savait si bien peindre et sentir.

Ce Dumas-là n'existe plus depuis longtemps ; il
serait un anachronisme en ce temps-ci ; c'est lui qui a
écrit presque tout son théâtre, sous la dictée de son
cœur. Voilà pourquoi la jeunesse du jour prétend que
ce théâtre a vieilli ; c'est qu'elle est incapable de

s'élever à la hauteur de ces impressions. Elle a sup-
primé l'amour et ne cherche plus que la galanterie ;
évidemment ces scènes toutes de passion doivent lui
sembler étranges, elles sont passées de mode. Elles
étaient vraies quand l'auteur les écrivit ; elles ne le
sont plus maintenant, où l'on réduit toutes choses à
leur plus simple expression, où ce qui ne va pas droit
au but est du temps perdu.

On est peut-être dans le vrai ; c'est plus rationnel, plus
sage, plus sûr et moins trompeur, comme dit la
chanson, mais c'est bien moins grand, moins noble,
moins enivrant. C'est le bonheur dans la souffrance ;
l'âme s'épure à ces émotions-là. Maintenant, il faut
s'amuser et faire fi du reste ! A quoi bon ?

Il y avait ensuite le Dumas homme du monde, parfaitement bien élevé, distingué de manières, n'oubliant
aucun usage, sachant rendre à chacun ce qui lui
appartenait et pouvant frayer avec les plus grands
seigneurs. Celui-là aussi s'est bien atténué ; il s'est
laissé envahir par le sans-gêne, par les habitudes
modernes, il a pris un aplomb que ses succès devaient
lui donner. Il s'impose tel qu'il est, il ne se contraint
pas ; le monde l'ennuie, et, s'il se décide à s'y rendre,
c'est une concession dont il ne veut pas être dupe.

Dumas n'a point oublié son savoir-vivre ; il le
retrouve quand il en a besoin ; c'est un bijou précieux
enfermé dans son écrin, qui ne se rouille, ni ne se
ternit ; on le sort les jours de gala, tout le monde
l'admire, et quand on ne veut plus s'en parer on le
renferme de nouveau en attendant une occasion.

La troisième face est celle qui s'est maintenue le
plus longtemps, c'est le Dumas bon enfant, le Dumas
spirituel, le Dumas des *Impressions de voyage*, le
Dumas qui raconte comme personne, dont la conversation étincelle, dont les mots se colportent et se retien-
nent, celui qui a amusé toute l'Europe pendant plus de
trente ans, qui a tenu l'univers suspendu à sa plume,
celui-là existe et vivra toujours ; s'il a des défauts, ses

défauts le complètent; il ne serait pas ce qu'il est, s'il s'avisait de s'en corriger. Nul ne tiendra la place qu'il a occupée, parce que nul ne réunit les conditions nécessaires pour cela.

Il faudrait non seulement un esprit comme le sien, — et je n'en connais pas un autre, — il faudrait sa verve inépuisable, il faudrait son imagination, il faudrait sa force, sa facilité de travail; il faudrait sa santé, sa vigueur, sa gaieté, ses instincts; il faudrait ce qu'une seule nature ne réunit pas deux fois dans chaque génération.

Un des traits distinctifs de Dumas, c'est sa bonté. Autrefois elle allait jusqu'à la faiblesse, jusqu'à l'imprévoyance; il se fût dépouillé de tout pour rendre service et ne savait pas assister à une douleur quelconque sans la soulager. Il a fait tant d'ingrats qu'il en pourrait citer un régiment, et les dures leçons de l'expérience, tant de fois répétées, ont nécessairement amené une modification dans ses libéralités.

On l'attrape encore, on l'attrapera toujours; seulement il faut certaines conditions et il généralise moins ses amitiés. Il a gagné des sommes immenses; ceux qui ne le connaissent pas bien l'accusent de les avoir dissipées follement; il faudrait plutôt le plaindre de les avoir laissé prendre.

Dumas a eu ou plutôt s'est continuellement imposé de grandes charges. Sa plume nourrissait une tribu, une smala tout entière. Les familles de ses maîtresses, si elles étaient pauvres, se faisaient de droit entretenir par lui. Père, mère, sœurs, frères, y en eut-il une demi-douzaine, tout cela était à ses frais. Les oncles, les tantes, les cousins arrivaient à la rescousse; et, comme il ne se piquait pas de constance, ce petit exercice se répétait à perpétuité.

Ajoutez à cela une autre tribu, tout aussi dispendieuse et moins amusante, celle des attachés à sa maison, des préposés à ses affaires, des confidents de ses amours, des collaborateurs plus ou moins réels!

Plus les amis, et ceux-là ne formaient pas une tribu, c'était une armée ! Ce mot *ami*, vous le comprenez, est placé ici par antiphrase ; il signifie solliciteurs, complaisants, parasites, quêteurs, empocheurs de livres, de pièces de cent sous et de billets de spectacles ; commissionnaires, flatteurs, tripotiers, entremetteurs, espions ; que sais-je ! Il signifie tout, excepté ami.

Cette armée-là tombait chez lui comme les sauterelles sur l'Algérie. Une bonne moitié au moins ne savait pas où dîner chaque jour et disait :

— Allons chez Dumas !

C'était bien mieux qu'au cabaret. Au cabaret, l'on paye, là on ne paye pas. On avait du moins la chance d'attraper quelque secours. Le maître travaillait ; il travaillait toujours, y eût-il eu dix personnes autour de lui. Les écornifleurs passaient leur revue ; pendant ce temps il n'y regardait pas. Ses tiroirs étaient ouverts ; il avait même vidé en rentrant sa bourse sur la cheminée, et n'y pensait plus. Les louis, les pièces blanches flânaient sur le velours, la tentation était forte, on y cédait.

— Dumas, j'ai grand besoin d'argent, j'ai un billet à payer, je prends tout. Vous le voulez bien, n'est-ce pas ?

— Certainement, certainement.

— Je vous les rendrai dans huit jours.

— Comme vous voudrez.

Il écrivait toujours ! Le coup fait, *l'ami* tournait sur ses talons, regardait quelque objet d'art pour se donner une contenance et puis disparaissait, au comble de ses vœux.

— Je reviendrai pour dîner ! criait-il en s'en allant.

— Bon ! bon ! Encore un de parti, pensait-il, ils me laisseront peut-être tranquille à la fin.

Cette scène-là se jouait souvent plusieurs fois par jour. Il n'y a pas de fortune qui y résiste.

Ainsi que je l'ai fait remarquer à propos de sa femme, et ceci en est une preuve de plus, son premier besoin était de travailler tranquille; rien ne lui coûtait pour atteindre ce but. Dans ses grandes tribulations de ménage, son argument fondamental était celui-ci :

— Je prends ma plume, mon encre et mon papier, je m'en vais travailler ailleurs.

C'était *le nec plus ultra* de ses révolutions.

Dumas s'attachait à tout ce qui était faible, à tout ce qui souffrait. Il a supporté des amis assommants pendant des années parce qu'il leur était nécessaire. Ce grand cœur ne peut être compris et apprécié que par ceux qui l'ont connu jeune. Son obligeance était sans pareille, sans bornes. Il courait tout Paris du matin au soir, s'il pouvait être utile; il passait des nuits au chevet des malades, les veillait, les soignait, les portait, les changeait, travaillait auprès d'eux, — le travail était de tout, — et il n'était pas rare qu'il passât quarante-huit heures sans dormir. C'était un chêne, un Titan.

Non seulement il aimait à obliger, mais il savait le faire, ce qui est plus rare qu'on ne le suppose. Il avait mille délicatesses, surtout s'il s'adressait à une personne délicate; il était impossible de se fâcher quand il rendait un service. Il mettait alors tout son esprit dans son cœur.

Ceux qui le jalousent l'accusent d'une vanité excessive, je voudrais bien les voir à sa place et savoir s'ils n'en auraient pas. Il sentait sa valeur et la renommée la lui répétait sous toutes les formes. Les journaux, les livres, les indifférents, les curieux, les envieux même, tous répétaient autour de lui, du matin au soir :

— Vous êtes un grand homme. Vous et Hugo ! Hugo et vous !

Quelques-uns mettaient Lamartine en tiers. De tous les bouts de l'horizon partaient des voix différentes, chantant ses louanges et l'appelant.

— Monsieur Dumas, je vous en supplie, faites-moi l'honneur de venir dîner chez moi

— Monsieur Dumas, ne me refusez pas la joie de vous offrir une dinde aux truffes.

— Monsieur Dumas, je vous adore; je vous attends à telle heure.

— Monsieur Dumas, un drame, je vous en conjure; j'accepte toutes vos conditions.

— Monsieur Dumas, au nom du ciel! un feuilleton, fixez-en le prix.

— Monsieur Dumas, voici des billets de banque, un livre, pour l'amour de Dieu!

— Monsieur Dumas, un rôle, pour l'amour de vous!

Il y aurait ainsi des litanies à chanter tout le long du volume; on ne le dira jamais assez.

A propos de rôles, il me revient une anecdote que je veux raconter, je l'oublierais peut-être et je veux l'écrire, bien qu'elle ne soit qu'un hors-d'œuvre en ce moment-ci.

(1839). C'était à la dernière répétition de *Mademoiselle de Belle-Isle*, je rencontrai Dumas qui se rendait au théâtre; il me demanda si j'y voulais entrer avec lui. On comprend que j'y consentis. La salle était tout à fait déserte et non éclairée; il me conduisit aux stalles d'orchestre, s'assit à côté de moi et nous écoutâmes religieusement cette pièce que l'on écoute encore avec tant de plaisir.

Nous étions les seuls spectateurs. La porte s'ouvre, je vois entrer une grande femme, assez belle, portant fièrement la tête, n'ayant rien de vulgaire dans sa tournure; elle s'assit à la gauche de Dumas, sans lui parler, et posant ses bras sur la séparation de l'orchestre, sa tête sur ses bras, elle prit une posture qui ne cadrait pas avec sa démarche de reine. Mlle Mars était en scène et jouait ce rôle, on le sait, comme il ne l'a jamais été depuis.

Mlle *** ouvrait ses oreilles et ses yeux. Je ne la nommerai pas, la pauvre fille a misérablement fini. Quand l'acte fut terminé, elle se retourna vers Dumas

avec des yeux flamboyants et mit presque ses poings
sur ses hanches comme les poissardes.

— Oh ! dit-elle d'une voix retentissante, ces *chiens*
d'auteurs ne me flanqueraient pas des rôles comme
ça, à moi !

Remplacez *chiens* et *flanqueraient* par les mots qui
voltigeaient sur le bec de Vertvert, vous aurez la cita-
tion exacte. J'en restai stupéfaite et Dumas répondit,
je ne sais quoi, tout bas à son oreille. Elle en rit
beaucoup.

Revenons à l'hôtel des Haricots et à 1836. Mon
Dieu ! qu'il y a longtemps et que de choses se sont
passées depuis !

Dumas n'avait pas monté la garde ; il s'était montré
rebelle aux ordonnances citoyennes, et expiait ce crime
par quatre jours de prison. L'hôtel des Haricots, autrement dit l'hôtel Bazancourt, était du plus bel air
en ce temps-là. Toute la bonne compagnie, *la crème*
des artistes et des écrivains y passaient tour à tour.
On aimait mieux encourir cette peine et se priver de
la guérite.

Un de nos bons amis, dont j'ai parlé, je crois, le
vicomte Henri de la Tour-du-Pin Chambly, y avait été
un peu auparavant pour un motif plus sérieux que nos
jeunes littérateurs. Il se refusait absolument à arborer
la cocarde tricolore, et avait vu conduire son père à
l'échafaud avec cette cocarde. La vue seule lui en faisait horreur, il le dit tout haut en plein conseil et produisit un effet foudroyant avec ce discours. Il n'en fut
pas moins condamné à huit jours de haricots et ne
prit pas l'incarcération au drôle. Il nous écrivait des
lettres désespérées, des élégies, sur tout ce qui lui
manquait et qu'il ne pouvait pas obtenir avec de
l'argent. Les détails en étaient bien drôles. Je regrette
de ne pouvoir les rapporter ici.

Cette première visite à Dumas est restée dans mon
souvenir. Elle ne fut pas longue, pourtant, nous étions
arrivées trop tard, mais je le retrouvai très peu de

temps après sa sortie ; je le revis souvent, et depuis lors pas un seul nuage ne s'est élevé dans notre amitié.

Il faut bien revenir à celle qui fut sa femme, et qui domina si longtemps son existence.

Reprenons-la au moment de ses débuts dans la banlieue, au théâtre Sevestre. Elle y fut tout de suite remarquée par sa beauté, par son intelligence et par ses manières distinguées. On en parla dans le monde du théâtre. Il faut bien le dire, c'était en 1834, Dumas cherchait une jeune fille pour cette pièce de *Thérésa*. Il n'en manquait pas sur toutes les scènes de Paris ; le diable fit qu'aucune ne put le satisfaire ; il voulut encore qu'un de ses amis lui signalât le nouvel astre de la banlieue.

Un soir, sans prévenir ni le directeur, ni l'artiste, il s'en alla la voir jouer, dans je ne sais quel drame, bon ou mauvais. Il fut émerveillé de cette beauté et crut à l'avenir théâtral de la débutante.

Après la représentation il monta sur le théâtre et la fit demander ; elle arriva toute tremblante, ne comprenant pas ce que pouvait avoir à lui apprendre Alexandre Dumas, qui pour elle était une puissance bien au-dessus de sa sphère.

— Mademoiselle, lui dit-il, voulez-vous gagner quatre mille francs et débuter sur un grand théâtre par un drame de moi ?

Elle eût été moins surprise, moins ravie, si on lui eût offert une fortune. Un drame d'Alexandre Dumas ! Il n'était pas de comédienne de premier ordre qui ne s'estimât heureuse d'obtenir de lui un rôle. Inutile d'ajouter qu'elle accepta avec transport. On sait comment elle réussit ; à dater de ce moment, la liaison fut formée.

Dumas avait alors une relation intime avec une fort belle personne, artiste également ; elle habitait avec lui, il en avait un enfant, mais dans le moment elle était absente, elle jouait en province et à l'étranger. Ida la crut congédiée et ne s'en inquiéta point. Au bout de quelques mois, l'actrice revint. Aussitôt que la nouvelle venue en eut connaissance, dès qu'elle vit des liens sérieux avec une rivale, elle se retira, tout fut rompu entre eux. Elle jouait au Palais-Royal, où elle produisait très peu d'effet.

Dumas en fut attristé; il l'aimait déjà beaucoup et à peine avait-il pu apprécier son caractère; il n'en avait vu que les côtés chatoyants. J'ignore pour quelle cause il se sépara de l'artiste voyageuse, mais quand il fut libre il chercha les moyens de renouer avec Ida. Il en avait un très sûr et tout à sa disposition : il la fit engager à la Porte-Saint-Martin et lui donna le rôle d'*Angèle*. Rien ne pouvait résister à une pareille séduction, surtout pour une comédienne qui plaçait son théâtre avant toutes choses dans la vie.

Ils se réunirent donc et ne se sont plus quittés qu'en 1845, époque de leur séparation légale.

Je les connus en 1836; ils étaient donc ensemble depuis quatre ans.

La littérature n'avait point en ce temps-là les allures d'aujourd'hui et le monde non plus; cette cohabitation était tout insolite et donna beaucoup à parler. Il fallait une certaine hardiesse pour attacher ce grelot, et tenir une maison, où l'on prétendait attirer des convives et les choisir.

Ce fut un pont vite franchi par d'autres; on en vit bientôt de tout aussi éclatantes et de plus scandaleuses. On y accoutuma le public, et, aux premières représentations, chacun cherchait cinq ou six couples illicites, occupant les plus belles loges de la salle et que l'on se montrait, non pas dans une intention de blâme, mais simplement par curiosité, comme des célébrités bonnes à connaître.

De là, date la fondation du xiiie arrondissement et de ses conséquences.

Mlle Ida aimait le luxe avec passion, elle aimait la toilette comme une dame romaine. Elle recevait à merveille; rien n'était mieux ordonné que ses dîners, rien n'était mieux tenu que sa maison. Secondée par sa mère, elle mettait de l'ordre chez elle, était économe avec intelligence, c'est-à-dire qu'elle savait tirer parti de tout, qu'elle ne souffrait aucun gaspillage ; mais le tout était monté sur une grande échelle. On recevait souvent, on fêtait les directeurs, les acteurs, les journalistes, dont Mlle Ferrier avait besoin. Déjà Dumas se mêlait peu de tout cela ; il cédait, pour avoir la paix, et pour contribuer de tout son pouvoir aux succès de sa maîtresse.

Déjà il savait à merveille qu'il n'y avait pas en elle l'étoffe d'un grand talent, mais il l'aimait encore beaucoup et cherchait avant tout à lui être agréable. Elle lui eût, je crois, arraché les yeux s'il avait choisi une autre qu'elle pour ses pièces ; elle lui eût plutôt pardonné une infidélité. On est obligé de convenir qu'elle lui a fait ainsi beaucoup de torts, et que plusieurs de ses ouvrages auraient été beaucoup mieux accueillis, s'ils avaient eu une autre interprète.

L'objet principal de la jalousie était Mme Dorval. Elle l'avait dans une horreur, dont rien ne peut donner l'idée, et ne l'appelait que le « vieux monstre ». Dumas professait une grande admiration pour celle qui avait créé Antony ; il avait en outre pour elle une amitié succédant à un sentiment plus tendre : il n'en fallait pas tant pour qu'elle ne lui pardonnât pas.

Mlle Ida n'osait pas s'attaquer à Mlle Mars, dont l'autorité faisait loi ; elle les vit pourtant jouer, bien plus tard, avec envie, *Mademoiselle de Belle-Isle*. Mais la pauvre Dorval était bonne femme et elle l'abîmait. Son grand thème, vis-à-vis de Dumas surtout, était de l'accuser d'être sale ; elle racontait là-dessus des détails à faire frémir et ne se privait pas de les répandre. J'ai vu des personnes qui en étaient très persuadées.

La recherche de Mlle Ferrand, en toutes choses, ne peut s'exprimer. Pour ses costumes de théâtre, elle n'admettait que du satin à vingt francs l'aune et du velours à trente ou quarante. La direction y mettait le prix qu'elle avait décidé ; l'actrice ou ses ayants cause payaient le reste. Aussi coûtaient-ils des prix fabuleux. Ceci n'était pas pour le public, qui ne s'en doutait pas ; c'était pour les autres actrices qu'on voulait éclipser et rendre jalouses. Les broderies d'or et d'argent devaient être fines et des meilleurs faiseurs. Quelquefois la pièce n'allait pas à la dixième représentation. C'était alors de l'argent doublement perdu.

Elle avait inventé le maquillage bien avant que ce fût la mode, et y employait un art que je n'ai vu dépasser par personne. Sur la fin de sa vie, elle abusait de la poudre de riz et ressemblait à un pierrot enfariné. Mais dans sa jeunesse, elle était d'une habileté extrême. Cette toilette durait quatre heures au moins chaque jour ; elle ne la quittait pas qu'elle ne fût irréprochable. Qui que ce fût, et Dumas moins que les autres, n'était admis dans son laboratoire.

Bien qu'elle fût très jeune et d'une beauté incontestable, elle éprouvait le besoin de se refaire le visage en entier ; à la lumière surtout c'était parfait. Il n'y paraissait pas, même de près. Elle ne portait que du noir et du blanc, et contribua beaucoup à la glorification de ce noir, qui, il y a quelques années, nous donnait l'apparence d'une nation en deuil.

CHAPITRE XVIII

Son cabinet de toilette ressemblait à une boutique de parfumeur; les fioles de toutes sortes y abondaient; les pommades, les pinceaux, les poudres, les teintures, le noir, le bleu, le rouge, le blanc. Je ne sais comment elle s'y reconnaissait. Une fois prête et bien peinte, elle eût appris la mort de sa mère qu'elle fût restée impassible. Les émotions, les jeux de physionomie, les larmes lui étaient interdits, sous peine de révéler son secret, ce qu'elle n'eût fait pour rien au monde. Ainsi, elle n'eût pleuré à aucun prix : ses cils blonds devenus bruns, une de ses plus grandes séductions, auraient déteint! Elle l'avouait elle-même dans l'intimité, et faisait bon marché de ses pastels, vis-à-vis de ceux dont elle ne craignait pas l'indiscrétion.

Elle jouait souvent avec Mlle Georges; on a fait à ce

sujet, mille contes saugrenus, on a prétendu qu'elle était sa fille, que toutes deux étaient juives. On inventait mille ragots sur les artistes. On les voyait de si loin et toujours dans les rues, on ne pouvait croire qu'ils fussent tout simplement des gens comme les autres. Moïssard, le brave homme qui obtint le prix Montyon, passait pour un mythe auprès de bien des gens : un comédien ne pouvait pas être si honnête, si dévoué.

Mlle Ida joua l'Ange dans *Don Juan de Marana ;* elle y eut un succès de beauté, mais les épigrammes commencèrent néanmoins à pleuvoir sur la rotondité de sa taille ; je ne sais qui dit qu'elle avait le vol de plomb. La pièce souffrit de ces plaisanteries, que les petits journaux se repassèrent l'un à l'autre.

Elle avait déjà rempli le rôle de Catherine Howard, puis celui de la jeune fille, dans *Marie Tudor*, de Victor Hugo. Ce fut un tour de force. Elle dut l'apprendre en quelques heures. Mlle Juliette en était en possession. Elle fut trouvée insuffisante : il fallut le lui ôter.

C'était une splendide créature que Mlle Juliette, la belle Impéria, une de ces femmes qui datent dans l'histoire des beautés d'un siècle. Elle régnait en souveraine sur une cour de soupirants ; du bout de son éventail, elle les faisait marcher comme des esclaves et ne se fût pas baissée pour ramasser les diamants qu'on jetait à ses pieds.

Un jour, tout changea de face ; elle trouva son maître ; elle aima un de ces hommes qui brisent toutes les résistances par leur volonté et par leur puissance. Cet homme voulut qu'elle renonçât à sa vie de luxe et de plaisir ; elle lutta, ne céda que pied à pied, mais céda et le dévouement, l'abnégation complète s'emparèrent de cette âme, que l'amour avait régénérée.

Elle disparut soudain, laissant derrière elle ses dentelles et ses joyaux ; elle se cacha dans un coin de Paris. Celui qu'elle aimait venait seul la voir. Son luxe, ses plaisirs, ses festins, tout fut dédaigné pour ces sentiments où les cœurs d'élite se retrempent. Juliette, accoutumée à être servie, adulée, fit elle-même son ménage; elle voulut une transformation complète, ne vécut plus que pour *lui*, n'eut pas une pensée, pas un désir en dehors de lui. On l'oublia! Elle oublia bien plus vite encore; sa vie se concentra dans celui qu'elle avait choisi, et, depuis lors, elle n'a pas failli. Elle n'a eu ni un regret, ni une faiblesse; c'est une des plus belles conversions de cœur dont j'aie entendu parler.

Dumas quitta bientôt la rue Bleue pour aller habiter la rue de Rivoli, presque en face des Tuileries. Il avait un appartement au quatrième, avec un balcon; la vue était magnifique, l'appartement grand et commode. On le meubla avec beaucoup de goût. Il n'avait qu'un seul défaut : il manquait d'élévation et les fenêtres étaient en saillie, comme elles le sont toutes, du reste, dans ces maisons-là.

Mlle Ida avait pris avec elle Marie, la fille du poète, tout enfant; elle l'élevait bien, en avait soin, alors, et semblait l'aimer. Marie était une petite fille sérieuse, un peu renfermée, parlant peu, n'ayant guère d'expansion. Elle n'a pour ainsi dire pas changé de visage en grandissant. Elle a toujours de superbes yeux bleus saphir, comme son père, plus grands, plus limpides encore. Elle ressemble beaucoup à Dumas. Elle a sa taille, sa tournure, ses pieds et ses mains. Toute petite, elle avait des cheveux noirs d'une épaisseur remarquable. Une maladie les lui a enlevés, et ils ne sont pas revenus aussi beaux depuis lors.

Je n'ai jamais su pourquoi, en revanche, Mlle Ferrand n'a jamais pu souffrir l'auteur du *Demi-Monde*, qui n'était pourtant qu'un *moutard*, quand elle connut son père. Elle en était horriblement jalouse, et ne voulait pas qu'il vînt chez elle. On ne pouvait prononcer son nom devant elle. Et Dumas, qui l'adorait, devait le voir en cachette.

Ce fut une grande faute, qu'elle a bien expiée. Elle manquait, je l'ai dit, du tact du cœur, et cela par la meilleure de toutes les raisons, on le comprendra sans qu'il soit besoin de le dire.

La vie de l'illustre galérien attaché à cette chaîne était *terriblement* accidentée. Il menait de front le travail, sa grande affaire, le théâtre, les répétitions, les libraires, les journaux, la chasse, le monde, l'amour en partie double et souvent triple, les exigences de son intérieur, les visites, les amis, les ennemis, les envieux et même les coquetteries d'esprit. Il suffisait à tout; on ne peut se figurer l'exubérance de ce cerveau, de cette santé, de cette verve, si on ne l'a pas connu au temps de sa belle jeunesse.

On le mettait chez lui au régime de deux ou trois scènes par jour; tout en fournissait le sujet. Il y avait l'inquisition des lettres, l'espionnage, les questions, et cela avec le même mobile, l'amour-propre. Le monde devait être convaincu qu'il ne pouvait aimer qu'elle, qu'elle le tenait sous sa coupe et que, quand un homme avait le bonheur de lui être attaché, aucune autre femme ne pouvait fixer un instant son attention. Elle eût mieux aimé lui savoir dix maîtresses obscures que de le soupçonner de regarder pendant un spectacle une actrice de renom.

Elle le crut une fois occupé d'une actrice qu'il avait connue jadis et qui arrivait de Saint-Pétersbourg. Elle lui avait apporté — à Dumas — une fort belle robe de chambre et d'excellent tabac turc. Bien qu'il ne fumât pas, il était enchanté d'en avoir de bon pour le donner à ses amis. Elle commença par confisquer la robe de chambre et en fit une veste.

Quant au tabac, ce fut autre chose. Elle lui joua un tour d'écolier. Elle alla acheter d'affreux tabac de caporal, le plus mauvais qu'elle put trouver, décolla artistement les papiers dorés et couverts d'images qui fermaient les paquets, enleva le tabac d'Orient, sans gâter l'enveloppe, remit l'autre à sa place, referma les bandes et reporta la cargaison ainsi transformée dans le cabinet de Dumas. Elle se donna *in petto* la satisfaction d'entendre les amis qu'il gratifiait de ce cadeau, tousser, cracher, se plaindre, lui demander où il avait pris cette ordure et qui avait pu lui donner ce caporal pour du tabac d'Orient.

Comme il ne soupçonnait pas la fraude, il dut nécessairement accuser la voyageuse de mauvais goût ou tout au moins de maladresse.

Je tiens tous ces détails d'intérieur d'une personne, qui a vécu pendant de nombreuses années dans l'intimité de tous les instants avec le grand dramaturge et tout ce qui le touche. Rien n'est plus vrai, plus positif, et l'on peut y ajouter une foi entière.

La maison de Dumas était fort agréable et fréquentée par tout ce que Paris renfermait d'intelligences et de talents. Il voyait souvent Victor Hugo; s'aimaient-ils beaucoup? Je ne sais, ils en avaient l'air, du moins.

Rien de plus opposé que ces deux caractères, que les manières de ces deux chefs d'école. Dumas, tout en dehors, ardent, passionné, bruyant, cédant le plus souvent à son premier mouvement, toujours parfait. Ne réfléchissant guère, ne prévoyant rien, croyant aux autres, parce qu'il croyait en lui, jasant, courant, rêvant, toujours disposé à rendre service, la main ouverte, comme disent les sauvages, ne comptant pas et semant à tous les coins de l'univers ses mots, son argent, ses poignées de mains et ses galanteries.

Hugo, calme en apparence, doux, gracieux, attentif, poli, un peu cérémonieux, rangé, économe, retenu dans ses paroles et dans ses gestes, disant à tout le monde des choses agréables, ne se livrant pas, ne disant que ce qu'il voulait dire; mesurant ses démarches et concentré dans son orgueil, qu'il ne cache pas, parce qu'il le sait légitime et justifié.

Tout différents, jusqu'à la taille, la couleur des cheveux, la mise. Ils aimaient à causer tête à tête et restaient ensemble pendant des heures entières ; il ne fallait pas les interrompre ni les déranger.

Dumas n'avait aucune jalousie de son illustre ami ; il le prônait de toutes ses forces et n'entendait pas qu'on le critiquât. Il avait du reste une solidarité d'école qui ne cédait à rien. il fit un jour une scène à un de ses meilleurs amis, parce qu'il riait de vers un peu excentriques signés, je crois, par Edgar Quinet.

Parmi les visiteurs les plus assidus de la maison de Dumas, je citerai ceux qui ont marqué dans une branche artistique quelconque : ce pauvre Gérard de Nerval, déjà la tête perdue et escorté d'un gardien, lorsqu'il faisait des visites. Il arrive, un matin, rue de Rivoli, et entre dans le cabinet où Dumas passait au moins la moitié de sa vie. La personne de qui je tiens cette anecdote était avec lui. Gérard commence à causer raisonnablement de choses et autres. Il avait même une sorte de gaieté, lorsque tout à coup il se lève, s'approche du maître du logis et prenant ses cheveux à deux mains :

— Mais mon cher, dit-il, quelle singulière coiffure vous avez là. Pourquoi, diable ! vous mettre une éponge sur la tête ? Otez donc cette éponge, elle ne vous sied pas, je vous en avertis.

Et le voilà tirant les cheveux de Dumas, ne voulant pas les lâcher et s'écriant :

— Comme elle tient !

Le patient eut la présence d'esprit de lui promettre qu'il allait lui-même se débarrasser de cet appendice, qui lui déplaisait à si juste titre, qu'il en savait la manière et que rien n'était plus facile. Le fou le lâcha. Dumas avait les yeux pleins de larmes, de chagrin, et un peu de douleur aussi, peut-être, l'insensé ne ménageant pas ses secousses.

Au sujet de ce malheureux poète, j'ai une anecdote et une réfutation. Ce pauvre Méry, — un autre ami que nous avons perdu, un grand esprit qui s'est éteint, depuis que ces pages sont commencées à écrire, — ce

pauvre Méry racontait tout cela avec sa verve et avec
son cœur, aussi puissants l'un que l'autre.

Il avait la persuasion intime que Gérard de Nerval
ne s'était pas suicidé; il reconstruisait la dernière nuit
de sa vie, de façon à faire dresser les cheveux. C'était
un drame plus saisissant que ceux de la Gaîté et de
l'Ambigu.

Je vais tâcher de me rappeler à peu près textuelle-
ment ce que disait Méry, mais je ne vous rendrai ni
son regard, ni sa physionomie, ni l'expression de sa
voix. C'était saisissant ; il avait des pantomimes et des
gestes qui vous faisaient rire, ou qui vous glaçaient le
sang, suivant qu'il s'agissait de comédie ou de drame.
Aucun acteur n'arrivait à cette perfection.

— Si Gérard est mort de cette horrible façon, disait-
il, c'est à cause d'un sou qu'il devait à mon perroquet.

Cette phrase ne manquait pas d'exciter l'étonnement et de faire éclore des questions en foule.

— Mon Dieu, oui. Voici pourquoi :

Gérard était sans argent et sa fierté l'empêchait de
le montrer à ses amis. Il cachait sa pauvreté avec un
soin extrême, non seulement par orgueil, mais par
bonté d'âme. Aucun de nous n'était riche ; il le savait
et il craignait surtout de nous gêner, en nous laissant
apercevoir qu'il avait besoin de nous.

Cependant, se trouvant réduit aux extrémités dernières, ayant dans sa tête un livre qui, selon lui, devait
lui rapporter beaucoup d'argent, il se décida un jour
à s'adresser à moi. Je me trouvais en fonds ; je lui
ouvris ma bourse ; il y prit cent francs ; ce n'était
guère, je ne pus jamais lui en faire accepter davantage.

— Cela me suffit pour vivre et pour achever de
prendre mes notes, me répondit-il, ensuite je me met-
trai au travail, et, mon ouvrage fait, je te rendrai cela,
je n'aurai plus besoin de rien.

J'étais loin de songer qu'il dut me rendre jamais.
Je me promis de le surveiller et de prévenir les besoins

que je n'avais pas su deviner cette fois. Il n'y parut pas, je ne le voyais guère; il causait beaucoup et préparait son livre, auquel il semblait tenir. C'était un immense travail sur tous les bouges de Paris, les voleurs, les bohémiens, une vraie Cour des Miracles, une entreprise gigantesque et très curieuse certainement, s'il avait pu la mener à bonne fin.

Quelques mois après, il n'avait pas terminé et, quelque biais que nous prissions, sa dette envers moi le tourmentait. Il m'en parlait souvent et ne se consolait pas de ne pouvoir s'acquitter.

Un matin, il arriva plus ennuyé qu'à l'ordinaire, plus pressant aussi.

— Je veux absolument te rembourser, me dit-il, il faut que tu trouves une façon de régler cela. Je n'aurai pas une minute de repos avant : cela m'empêche de dormir la nuit. Et, je te le jure, je ne reviendrai plus jusqu'à ce que j'aie l'argent, si tu ne veux pas accepter un mode d'amortissement réglé d'après mes moyens.

Il me persécuta de telle sorte, il y mit tant d'insistance, que, dans un mouvement de vivacité, je lui dis que je n'accepterais rien.

— Eh bien, adieu alors !

J'eus peur de l'avoir fâché, je le rappelai ; mes yeux tombèrent sur mon perroquet, qui dormait sur son perchoir, et il me vint une idée.

— Allons, dis-je, puisque tu le prends ainsi, j'ai découvert une manière de tout arranger. Joquet, que voici, adore les croquets; apporte-lui tous les jours un sou pour acheter un croquet, cela m'évitera une dépense et tu t'acquitteras ainsi sans t'en apercevoir.

Il accepta avec transport. Il n'était pas possible, pensait-il, qu'il n'eût pas un sou chaque jour pour l'oiseau. En effet, pendant plusieurs semaines, il apporta régulièrement son tribut. Puis je le vis soucieux, et il fut obligé de demander crédit à son créancier. C'était un tourment de toutes les minutes pour lui; il ne venait presque plus et n'entrait pas dans la pièce où était la cage. Ce perroquet le tourmentait comme un remords.

Je fus enfin plusieurs semaines sans en entendre parler. Il m'écrivit pourtant qu'il ne venait pas parce qu'il donnait tout son temps à son travail. Il fréquentait les malandrins, les coupeurs de bourses ; il couchait dans des endroits impossibles à deux sous la nuit, avec corde ou sans corde.

Il alla passer sa dernière nuit dans un garni ignoble, un coupe-gorge de première espèce. Il allait se mêler au milieu de ces hommes, presque tous des repris de justice, sa mise ne différait guère de la leur. Il les écoutait, les interrogeait, cherchait à les bien connaître et prenait sur eux des notes détaillées.

Quand ils étaient bien disposés, ils s'y prêtaient assez volontiers ; mais s'ils devenaient de mauvaise humeur, les recherches étaient dangereuses.

Cette dernière nuit, Méry, — ce n'est plus lui qui parle — Méry, je viens de le dire, reconstruisait la scène, il la voyait. Gérard entrait sans défiance, il se rencontrait avec des malfaiteurs, sans foi, ni loi, de ceux qui tuent un homme pour deux sous. Il agissait suivant son habitude et se mettait à l'écart pour observer. Peut-être méditait-on quelque crime et peut-être son arrivée dérangeait-elle les combinaisons. Il inspira de la méfiance, ses questions insidieuses et répétées ne firent que l'augmenter. Quand on lui vit tirer de sa poche un crayon et du papier, pour écrire ses notes, ces misérables, qui ne comprenaient pas un projet tel que le sien, le prirent pour un espion. Ils l'étranglèrent, sans autre forme de procès, et, pour cacher le meurtre, emportèrent le corps dans la rue de la Vieille-Lanterne, puis le pendirent à cette grille où on le retrouva.

Méry avait, à l'appui de cette opinion, une foule de détails dont je ne me souviens plus, mais que je retrouverai. La fenêtre d'un maréchal ferrant et un corbeau privé y jouaient un rôle. Il démontrait jusqu'à l'évidence que Gérard ne s'était pas suicidé. Quand ses amis prévenus le retrouvèrent, pas un ne songea dans le premier moment à un assassinat, qu'il eût été probablement facile de prouver alors. On ne courait pas le risque dans tous les cas d'accuser un innocent, et tous ces scélérats avaient la conscience assez chargée pour qu'un crime de plus ou de moins ne marquât pas beaucoup dans leur vie.

Quoi qu'il en soit, cet infortuné Gérard a eu une triste fin, et il a laissé de vifs regrets à ses amis.

Un autre ami intime de Dumas, un de ses commensaux journaliers, c'était Jadin, le Van-Dick de la race canine. Ils avaient voyagé ensemble, on le sait, et Jadin avait conservé avec son ami des allures de franchise et de liberté qu'il accordait à peu de ses visiteurs.

Tout le monde a lu les *Impressions de voyage*; tout le monde connaît, par conséquent, l'esprit de Jadin : il en est peu de plus fin, de plus délicat, de plus charmant; il est original et drôle au possible; il raconte à merveille; il a du trait, des mots qui sont tout à fait à lui, qui portent son cachet et qui ne ressemblent à ceux de personne.

Je me rappelle un certain livre de rébus, inventé et dessiné par lui et par plusieurs autres peintres de premier ordre, qui fréquentaient la maison du romancier. Rien n'était plus drôle et plus amusant; c'était une sorte de lutte entre eux tous, à qui trouverait des impossibilités plus folles. Jadin avait traduit le proverbe : *Pierre qui roule n'amasse pas de mousse*, d'une façon désopilante. Je ne sais ce que sera devenu ce précieux bouquin. Il vaudrait bien de l'argent aujourd'hui, par ses précieuses signatures.

Jadin n'aimait pas les grandes réunions; s'il paraissait aux soupers, aux dîners, c'était à la condition d'y être libre ou de ne pas parler à ceux qui lui déplaisaient. Dumas penchait beaucoup pour les artistes et les écrivains; Mme Ida, au contraire, n'aimait que les gens du monde et tâchait d'en attirer le plus possible,

et les amis du maître de la maison, le maître de la
maison lui-même, ne se plaisaient qu'entre eux.

C'était un sujet de discussion, dans l'intérieur; les
listes d'invitation se faisaient en partie double. Il y
avait toujours, au dernier moment, des surprises qui
déplaisaient fort à Dumas et qu'il lui fallait subir. A
l'heure de se mettre à table, il découvrait deux ou
trois couverts de plus destinés à des personnes qu'il
n'attendait pas et qu'il était obligé de recevoir. Elle
avait trouvé cette tactique, qui lui réussissait à merveille. Lorsque tout le monde était parti, Dumas ne
pensait plus à la supercherie et ne lui en disait rien :
elle remportait ainsi facilement la victoire.

Très peu de femmes étaient admises à *ces festins*.
Ida les craignait toutes, surtout les femmes de théâtre;
sa seule intimité avouée était Mlle Mars. Elle avait
ensuite, le matin, plusieurs anciennes amies obscures,
des jours mauvais; de celles-là, elle ne parlait point,
mais elle savait les utiliser. Elle les mettait sur la
piste de Dumas qui ne s'en défiait pas, et apprenait
par elles une foule de choses, dont celui-ci ne pouvait revenir, justement à cause du monde infime où
elles se passaient.

Il se demandait sans cesse où elle avait pu le
savoir, et la croyait quelquefois en relations avec la
police.

Elle n'avait d'autres espions que ceux-là, mais ils
la servaient bien.

CHAPITRE XIX

Le ménage était loin d'être tranquille; il y survenait des tempêtes effroyables qui menaçaient de tout engloutir. Dumas se trouvait malheureux. Il disait dans ses élans de colère, qu'il voulait rompre cette chaîne, mais il y tenait plus qu'il n'y croyait lui-même, et la preuve c'est qu'il a fini par la river.

Mme Ida, de son côté, poussait les hauts cris, tandis qu'elle n'avait qu'une crainte : celle de le perdre.

Il lui vint un jour l'idée de s'obliger à partir, à se séparer de lui; elle voulait mettre entre eux une grande distance et des empêchements invincibles : elle négocia un engagement pour la Russie; je ne sais si elle l'obtint, elle le dit du moins. Elle parvint à avoir une promesse assez spécieuse pour en imposer à un examen superficiel, et elle déclara alors à Dumas qu'elle allait s'embarquer pour Pétersbourg.

Le cœur a des mystères insondables. Il déchira le papier en mille pièces et s'opposa tout à fait, positivement, à ce qu'elle s'expatriât. Elle insista, comme une femme sûre d'être refusée et qui en est ravie. Puis, elle disait à tout le monde :

— Vous voyez combien il m'aime encore! Il a eu un tel désespoir, à l'idée de notre séparation, que j'ai cru qu'il en mourrait.

Elle avait raison, c'était vrai.

Il n'en est pas moins vrai aussi que, fort peu de temps après, il arrangea de son côté un voyage en Corse, pour amener la séparation, et que, le moment venu, il n'en eut pas le courage.

Les longues liaisons, lorsqu'elles sont orageuses, occupent tellement la vie qu'elles l'absorbent. On s'en fatigue, on les hait, on n'aspire qu'à en être débarrassé, et, quand le moment arrive, il semble que le cœur va se briser. On ne trouve plus rien à mettre à la place. Il se fait un vide immense qu'aucun sentiment ne pourra combler, et l'on reprend son esclavage; on le maudira le lendemain, mais on ne le rompra pas.

Rien n'était plus antipathique au caractère de Dumas que ces scènes et ces picoteries perpétuelles. Il en devint d'une irascibilité incroyable. La tranquillité qu'il désirait si passionnément fuyait devant lui à tire d'ailes.

Une journée passée sans révolutions était un miracle. Deux personnes étaient appelées pour remettre la paix et calmer les transports furieux. C'était d'abord Mlle Mars, apportant dans ses conseils son charmant esprit, sa saine raison, et cette voix adorable, qui, comme la lyre de David, aurait calmé les fureurs de Saül.

C'était ensuite cette autre amie, de qui je tiens tous ces détails. Elle avait une assez mauvaise tête, mais un bon cœur, du dévouement, un zèle infatigable et le grand désir de faire le bien.

Ces deux éléments très distincts intervenaient dans les discussions, et finissaient presque toujours par y apporter un peu de calme; on se raccommodait pour se *rebroncher* le lendemain.

Les prétextes ou les sujets, comme on voudra, ne tarissaient pas. C'était du côté de Madame des jalousies d'amour ou de théâtre, qui ne disparaissaient que pour renaître. La moindre bagatelle les réveillait et les poussait à l'extrême.

Du côté de Dumas, c'était l'obsession perpétuelle, c'était l'impossibilité de travailler; c'étaient les obstacles élevés continuellement entre lui et toute femme âgée de moins de soixante ans, lorsqu'il avait une pièce à donner sur une scène quelconque.

Ida aurait voulu jouer tous ses rôles. Il sentait son insuffisance sans la lui avouer, bien entendu; il voyait son œuvre compromise par une interprétation défectueuse; il voyait cette obésité, toujours croissante, qui la rendait impossible et qui fournissait des refrains aux satires, des sujets à la caricature. Elle ne s'en doutait pas; elle ne se jugeait pas comme elle était, sans cela elle ne se fût pas donnée en spectacle assurément. Elle avait trop d'amour-propre pour cela.

Cet aveuglement dura autant qu'elle. Mᵐᵉ Dumas crut à sa beauté jusqu'à la fin; heureusement, elle en fût morte désespérée. Ainsi, elle dont le goût était si sûr, elle qui possédait mieux que personne l'art de la toilette, elle, qui savait mettre en relief tous ses avantages et cacher les imperfections, elle partait pour Nice, peu de temps avant sa mort, avec des chapeaux de bergère! Grasse comme un hippopotame, elle se drapait dans de la mousseline blanche. Une attaque avait laissé de douloureuses traces sur ses traits, et elle se coiffait comme à vingt ans !

Non, certes, je le répète, elle ne se connaissait pas ; elle s'est toujours fait illusion sur sa taille et, à la fin, cette illusion s'est étendue jusqu'à son visage dont elle ne pouvait admettre le changement.

Il était donc impossible de s'entendre, et la vie devenait un enfer. Dumas plusieurs fois perdit patience, il s'en alla. Poussé à bout, il se sauvait. Sa beauté désespérée envoyait chercher ses amis : Mme *** se mettait en campagne, et tâchait de le ramener. Deux fois entre autres, ce fut dans des circonstances singulières.

La première, c'était en hiver. Mme *** était au bal, elle en revint fort tard ; au moment où elle allait renvoyer sa voiture, son portier lui remit une lettre apportée pendant son absence, et très pressée. C'était Mme Ida qui la priait de venir dès qu'elle rentrerait, n'importe à quelle heure : Dumas était parti depuis le matin, emportant ses manuscrits, ce qui était un signe de grande détresse pour elle. Elle connaissait sa retraite, mais l'accès lui en était interdit. Mme *** ne fit que changer de vêtements, remonta en voiture et se fit conduire rue de Rivoli.

On l'attendait. On la reçut à bras ouverts puis en racontant toute l'odyssée ; le poète s'était réfugié chez Ligier, le tragédien. La délaissée l'avait appris par la petite police secrète dont j'ai parlé. Elle avait appris aussi que la porte lui était défendue, et voilà pourquoi elle avait fait appel à l'obligeance qui ne lui manquait jamais.

Elles restèrent à causer jusqu'au matin. C'étaient des espèces de noctambules ; quand vint six heures, l'ambassadrice partit. Elle eut de la peine à se faire ouvrir. L'heure était indue. Après bien des pourparlers, on l'introduisit dans une chambre où Dumas dormait, sur un lit de sangles. A force d'éloquence elle obtint qu'il reviendrait au bercail, moyennant des promesses

et des concessions qui ne furent ni tenues, ni obser-
vées. Bien entendu, il fallut recommencer.

Dans une autre occasion, la chose tourna à la
comédie. Il y a dans la vie des hasards bien singu-
liers ; ceux des romans sont inouïs, invraisemblables :
on prend la peine de les arranger.

La fugue était plus sérieuse. Depuis trois jours le
rebelle était caché ; il avait quitté la maison en annon-
çant qu'il n'y reviendrait plus ; en vain l'escouade des
espions juponés avait-elle battu les buissons de toutes
parts. Elle n'avait rien découvert. Tout faisait croire
qu'il s'était éloigné de Paris.

Enfin une mouche, plus habile que les autres, arriva
et assura qu'il avait été à Compiègne. Il en était revenu,
une heure avant. On le trouverait dans une auberge
borgne où descendaient les diligences, au coin de la
rue d'Enghien et de la rue du Faubourg-Saint-Denis.
Il fallait seulement y aller tout de suite, parce qu'il
sortirait certainement à la nuit, ne voulant pas sortir
le jour, dans la crainte d'être reconnu.

Mme *** était présente. Ceci se passait au mois de
juillet. Il faisait très chaud. La jeune femme allait
le soir dans le monde. Elle était en robe de mousseline blanche, avec un fichu pareil, une écharpe de
gaze rose flottant sur le tout. Dans cette saison, on
ne fait pas de grandes toilettes, surtout pour une petite
soirée. Elle avait un chapeau de paille de riz avec des
plumes. Tout cela n'était point précisément habillé
pour un salon ; ce l'était beaucoup trop pour une auberge.

Aussi l'idée de s'en aller ainsi vêtue à la conquête
d'un infidèle lui plaisait peu ; seulement le temps
pressait. Puis, il faudrait se rhabiller deux fois : elle
se décida à partir.

Je crois que l'hôtel existe encore, si les diligences
n'existent plus. Elle entra d'abord dans une cour, où
des chevaux, des voitures, des cochers, des palefreniers,
des chiens, du fumier, des voyageurs grouillaient

tout ensemble. Elle relevait sa robe à deux mains et ne savait où mettre ses jolis petits souliers et ses bas de soie blancs.

Elle s'informa où était l'auberge. On lui montra une grande flamme dans le fond :

— C'est là !

Cette flamme, c'était celle du foyer de la cuisine, où on faisait frire une carpe. Tout était en l'air pour le dîner ; une grosse commère tenait la queue de la poêle ; deux ou trois servantes allaient et venaient. La nuit était à peu près tombée. C'était le cas ou jamais de relever sa robe un peu plus haut, et de faire une sérieuse attention à ses souliers.

— La maîtresse de l'hôtel, s'il vous plaît ?

— C'est moi, madame, dit la femme à la poêle.

— Vous, madame ? Il n'y a donc pas de bureau ici ?

— Il y en a un pour les diligences, là à gauche ; est-ce que vous voulez partir ?

— Non, je désire un renseignement.

— Lequel ?

— Je voudrais savoir si un monsieur, que j'attends, est arrivé de Compiègne, ce soir.

— Asseyez-vous, madame ; quand ma carpe sera achevée de frire, je vous dirai cela.

S'asseoir sur des chaises panachées de graisse, ce n'était pas commode, c'était surtout trop odorant, Mme *** préféra encore la cour. Au moins on y respirait un peu et l'on n'y grillait pas.

Après quelques minutes, la cuisinière buraliste parut, escortée d'une maritorne qui tenait une chandelle. On entra dans le sanctuaire du directeur. On compulsa la feuille, et l'on y lut en toutes lettres :

— M. Alexandre Dumas, parti de Compiègne à telle heure le jour même.

— C'est bien cela, fit la dame. Et loge-t-il ici ?

— Oui, madame, répondit la servante, plus au fait que la maîtresse du département de l'intérieur.

— Est-il chez lui ?

— Oui, madame, je vais vous y conduire.

La plénipotentiaire enchantée suivit son guide, qui l'examinait en écarquillant les yeux. Sa toilette et toute sa personne étaient une anomalie complète avec la maison.

On retraversa la cour du côté des écuries, en passant sur toutes sortes d'immondices.

— Mon Dieu, pensa la jeune femme, il doit se croire bien caché là et n'imaginera jamais qu'on vienne l'y chercher.

On entra par une porte défoncée dans un vestibule étroit, conduisant à un vieil escalier de bois, dont les marches inégales tournaient autour d'une rampe à pilastres vermoulus. La servante passait devant et éclairait ; après avoir monté quelques degrés, elle éleva la lumière et montrant à Mme *** une porte à droite, sur le palier, lui dit :

— C'est là, et voilà M. Dumas.

Un homme de cinquante ans à peu près, petit, maigre, grisonnant et ayant été brun, avec des favoris de marchand de cochons, un teint de pain d'épice, une figure en coin de rue, était occupé près d'une fenêtre à cirer de gros souliers à clous et à cordons. Sa toilette se composait d'un pantalon d'étoffe d'été grise, retenu par *une* bretelle en lisière. Il avait quitté son habit et son gilet ; la chemise qu'il laissait voir avait dû faire plus que sa semaine de service réglementaire, chez ces sortes de gens.

— Où est M. Alexandre Dumas ? demanda la jeune femme.

— Le voici, madame.

— C'est moi, madame, répondit le brosseur de souliers, s'avançant les armes à la main, avec un sourire de danseuse.

— M. Alexandre Dumas ! ça ! s'écria Mme ***, en riant à perdre haleine.

— Mais sans doute, madame, et pourquoi pas ?

Mme *** fut prise d'un tel fou rire qu'elle manqua de

rouler sur l'escalier. Elle redescendit en balbutiant :

— Je me trompe ! je me trompe !

Elle ne pouvait plus parler.

— Non, madame, non, madame, vous ne vous trompez pas, reprenait l'autre en la poursuivant, la bouche en cœur et les yeux en trompette. Revenez, je suis M. Alexandre Dumas.

Elle courut, riant toujours, jusqu'à sa voiture, où elle monta d'un saut. Le faux Dumas était sur la porte, ébahi, armé de sa brosse et de sa chaussure ; la servante tenait sa chandelle. Ces gens-là la prenaient pour folle assurément.

Il fut découvert qu'il y avait erreur de personne, non pas erreur de nom. Cet homme s'appelait véritablement Alexandre Dumas ; il était aubergiste à Verberie, il y a trente ans de cela.

Le pigeon voyageur revint pour cette fois tout seul au colombier.

Un autre jour, les deux amies du malheur se rencontrèrent en montant, rue de Rivoli ; on les avait envoyé chercher en toute hâte.

— Ah ! dit Mlle Mars, avec un charmant sourire en apercevant Mme ***, voilà le médecin et le confesseur.

Cet accès fut d'une gravité extrême et dura plusieurs jours ; il y eut un drame en plusieurs actes. L'exaspération de Mlle Ida était telle, qu'elle voulut se jeter par la fenêtre. Si Dumas n'eût pas eu sa force herculéenne avec sa vivacité de mouvements, elle tombait du quatrième dans la rue. On pourrait dire qu'il la rattrapa au vol, si ce n'était pas abuser de la métaphore, quand il s'agit d'une rotondité aussi connue.

Ce fut au tour de la comédienne à disparaître. Elle partit une heure après, sans rien dire. On la chercha inutilement partout. On crut qu'elle s'était jetée à la rivière et rien n'était plus vraisemblable. Elle ne revint pas le soir, mais reparut le lendemain, après avoir donné des inquiétudes terribles.

Elle avait fait une démarche décisive, sous la protection d'une personne très honorable que je pourrais bien nommer, qui vit encore. Et si ces lignes lui tombent sous les yeux, elle se rappellera le fait.

Mlle Ferrand avait été se jeter aux pieds de M. l'archevêque de Paris, Mgr de Quelen, et lui demander de la faire recevoir dans une communauté quelconque. Elle se convertirait, reviendrait à Dieu, se ferait religieuse à une seule condition : on donnerait à sa mère de quoi vivre tranquille dans quelque coin.

La proposition fut appuyée par l'intermédiaire très connu et très estimé de l'archevêque. Elle eût été prise en considération, si elle eût été sincère, mais les amoureuses qui vont au couvent ont perdu toute espérance, et celle-ci apprit qu'on la regrettait et qu'on fouillait tout Paris pour la retrouver. Donc on l'aimait encore.

Le désespoir fondit devant cette pensée ; le repentir s'envola. Elle revint blessée, endolorie, mais un peu moins malheureuse et les chaînes se ressoudèrent tant bien que mal, jusqu'à la première occasion.

Dumas avait, pendant cet intervalle, donné plusieurs pièces. Il avait fait engager Mlle Ida à la Comédie-Française, pour *Caligula*, à la Renaissance pour *l'Alchimiste* ; partout son influence lui devint funeste. *Caligula* était une vraie tragédie dont le programme était ravissant ; Menjaud y fut charmant et rien que ce programme devait attirer la foule.

Ida joua le rôle d'une jeune chrétienne, qui meurt martyre. Dans les scènes dramatiques, elle fut presque grotesque. Il fallait courir, s'agiter ; elle se prenait les jambes dans ses longues robes, et faillit tomber à deux ou trois reprises.

Les journaux s'en amusèrent et cela nuisit beaucoup à l'œuvre. Elle méritait d'être écoutée attentivement. Le succès de la première représentation surtout eût été complet, sans les rires qu'excita sourdement cette malheureuse héroïne. Elle n'avait pas l'air de s'en douter.

Pendant que Dumas était à Bruxelles, j'allais passer avec lui trois ou quatre semaines. Il était parfaitement établi, au boulevard de Waterloo, dans deux maisons réunies en une, et qu'il avait arrangées suivant son goût ordinaire. Depuis trente-cinq ans que je le connais, je l'ai vu dans bien des logis, mais rarement établi complètement, sauf rue Bleue, rue de Rivoli, rue de la Chaussée-d'Antin, à Bruxelles, et où il est aujourd'hui, boulevard Malesherbes. Partout ailleurs ce n'était que des camps volants, ou des maisons en projet ; à Bruxelles, c'était charmant.

Il s'était fait un centre de société, dont le fond était les républicains émigrés. Plusieurs y venaient dîner à peu près chaque jour. La famille Parfait résidait tout à fait chez lui. Marie, toute jeune, avait besoin d'être bien entourée et du patronage d'une honnête femme ; Noël Parfait s'occupait des affaires et travaillait avec le maître, dont la maison ne désemplissait pas du matin au soir.

J'avais rencontré quelquefois Parfait dans les journaux, mais je ne le connaissais pas ; j'appris à l'apprécier. C'est une haute intelligence et un bon cœur. Nous n'avons pas les mêmes idées en quoi que ce soit ce qui ne m'empêche pas de lui rendre pleine justice J'en dirai autant de cette réunion de gens *avancés* parmi lesquels le hasard m'avait conduit. Certes, leur opinions n'étaient pas à l'eau de rose, mais il n'étaient pas sanguinaires. Je n'en ai jamais rencontré un qui fût *méchant* ; presque tous étaient bons e s'étaient fait un idéal de république, où le bien triomphait du mal. Je ne demande pas mieux, si cela se peut jamais.

J'avais avec eux non pas des disputes, mais des discussions, et nous finissions par nous entendre sur le terrain du bien général. D'ailleurs, cet esprit de Dumas étincelait tellement qu'il rayonnait sur tout. On n'aurait pas pu se fâcher, l'eût-on voulu ; il ramenait les gens à lui et à eux par un de ces mots qui font oublier le reste. Quelle conversation, quel feu d'artifice !

Tout ce qu'il y avait d'artistes un peu connus, soit passant, soit résidant à Bruxelles, arrivait dans cette maison, où l'hospitalité s'offrait avec tant de grâce. On mangeait dans une espèce de serre tapissée de fleurs, et Dieu sait ce qui s'y dépensait d'esprit et de plans d'avenir. La politique était retournée dans tous les sens, dans le sens républicain, d'abord et avant tout ; chacun donnait son avis ; ils différaient souvent. On causait d'art, on causait des uns et des autres. C'était un peu une petite ville, dans une grande, ainsi qu'il arrive toujours quand des étrangers se réunissent entre eux. Ils ont quelque raison de se passionner sur tout.

Dans ce nid de démocrates, nous voyions cependant fort souvent encore un aristocrate pur sang, le comte Ernest d'Hane Stenhuyse, un grand seigneur belge, dont la famille habitait Gand. Il appartenait à une des bonnes maisons du pays, une de celles où les traditions du passé se conservent intactes ; comme jeune homme, il habitait Bruxelles où sa vie était moins sérieuse.

Grand, très distingué, excellent garçon, il aimait ardemment tout ce qui se rattache à l'intelligence ; spirituel lui-même, il jouissait de l'esprit des autres avec enthousiasme ; il comprenait même les écarts un peu excentriques de nos plaisanteries parisiennes. Jamais une remarque malveillante ne lui échappa ; poli comme un grand seigneur, il ne semblait pas remarquer le sans-gêne des habitués plus coutumiers du club que du salon. Il prenait à merveille les railleries, en riait de bonne grâce ; c'était enfin — et c'est encore, grâce à Dieu — un gentilhomme accompli de tout point.

Nous lui faisions raconter son monde des Flandres

si loin de notre monde parisien, et c'était, je vous assure, fort curieux.

Il nous parlait entre autres d'un singulier usage établi chez ses ancêtres, qui s'était perpétué jusqu'à nos jours, car lui avait encore assisté à la cérémonie au moment de la mort d'un de ses oncles, il n'y avait pas un grand nombre d'années.

Lorsqu'un membre de cette famille décédait, on le transportait au château de Stenhuye, je crois. Les parents s'y réunissaient en conseil, les vassaux et tenanciers attendaient en silence à la porte de la grande salle. Ce conseil devenait un tribunal. On plaidait pour ou contre le défunt, dont le corps attendait dans la chapelle. Des témoignages étaient recueillis impartialement. Si la somme du bien l'emportait sur celle du mal, le cercueil était porté avec toutes sortes de déférences et de compliments dans le caveau d'honneur ; si, au contraire, la mémoire du trépassé était entachée de quelques gaudrioles un peu fortes, s'il n'avait pas scrupuleusement obéi aux lois de la religion, s'il avait donné lieu à un scandale quelconque, on l'emportait sans pompe et presque mystérieusement dans un caveau isolé, où nul ne s'occupait plus de lui.

Dans le premier cas, toute l'assistance suivait le cortège en pleurant l'homme irréprochable qu'on allait rendre à la terre. On prononçait une oraison funèbre à grand renfort d'éloquence.

Dans le second cas, le jugement ayant été défavorable, on se retirait sans dire un mot, la tête basse. Il semblait que l'arrêt publiquement rendu après délibération atteignît tout le monde. C'était comme un droit général.

Ceci est très remarquable et très frappant.

Cette famille d'Hane Stenhuyse tenait et tient encore, je suppose, un rang considérable en Belgique. C'est dans l'hôtel d'Hane que Louis XVIII demeura pendant son séjour à Gand.

CHAPITRE XX

Je continuai longtemps des relations avec le comte
d'Hane ; il écrivait fort bien, il aimait les arts et les
lettres et s'en occupait assidument. Il avait toutes les
manières et toute la distinction d'un gentilhomme, ce
qui chiffonnait un peu le monde artiste où je le rencontrai. J'ai souvent remarqué, du reste, la difficulté
qu'éprouve un homme de la société à se faire adopter
dans ce monde-là, s'il prétend y conserver ses façons
et les habitudes du bien. Les artistes et les gens de
lettres, lorsqu'ils sont bien élevés, s'imposent assez
facilement à leurs pairs, dont l'éducation est moins
soignée, s'ils ont du talent ; mais s'ils n'en ont pas,
on ne leur pardonne pas plus qu'aux gens du monde
de faire *leur tête*. La première condition pour réussir
dans ce monde intelligent, c'est d'être ce qu'on appelle

bon enfant, d'accepter les épigrammes, de se laisser un peu écorcher sans pousser des cris et sans prendre de grands airs.

Une autre méthode est de se faire craindre, de rendre coup de dent pour égratignure et de prouver qu'on peut repartir.

On inspire alors un profond respect. Les malins disent dans leur langage imagé :

— Ah ! ah ! il est fort, le malin ; il est très fort !...

Dès lors on l'accepte.

D'autres s'identifient.

Un officier du régiment de mon mari savait à peine lire et écrire, lorsqu'il obtint l'épaulette dans les guerres de l'Empire. A la paix, il essaya de s'instruire et commença par faire le beau parleur. Il disait toujours, croyant atteindre le superlatif :

— Je m'identi*frise*.

D'autres s'identifient avec eux et s'efforcent de leur ressembler. Ceux-là, ils les adorent.

Ainsi fit mon pauvre petit cousin Ludovic de Gramont, duc de Caderousse, dont j'ai déjà parlé et que je puis reprendre aussi bien ici qu'ailleurs. Il a été jugé tout autrement qu'il ne l'eût été certainement s'il eût suivi une autre voie ; ceux qu'il a quitté, c'est-à-dire le monde, l'ont accablé, ceux à qui il s'est donné en ont fait un homme éminent.

> ..... Il n'avait mérité
> Ni cet excès d'honneur, ni cette indignité.

Je suis poursuivie par les citations. Elles ont quelquefois du bon, exprimant clairement et sincèrement la pensée.

Ludovic de Gramont, dont ses amis de la presse ont fait un aigle, était un garçon ordinaire. Sans être doué d'une intelligence hors ligne, il ne manquait pas d'un certain esprit naturel, qui se développa vite, dans le sens qu'il fallait pour la société qu'il vit. Il était ignorant comme un enfant rebelle à l'étude, et qui, une fois maître de lui, pensa à l'amour plutôt qu'à s'instruire.

Son malheur est venu de ce qu'il fut orphelin. J'ai raconté la mort de ses parents, celle de son frère, qui, s'il eût vécu, eût fait certainement un homme de mérite. Confié à son grand-père, M. Paulze d'Ivoy, il eût pu trouver chez lui un excellent guide, s'il eût voulu se soumettre. Leurs caractères se choquaient sans cesse; le pupille montrait déjà le germe des principes dangereux de l'avenir; le tuteur était tout aux idées du passé. Bien que très supérieur comme mérite, comme esprit, mon cousin Paulze d'Ivoy ne vit pas juste dans cette occasion. Il comprima trop; la détente devait arriver.

Ludovic entra dans le monde avec des conditions magnifiques et rares. Son titre de duc, une fortune d'à peu près deux cent mille livres de rentes, assez d'intelligence pour faire son chemin, pas assez pour éviter l'envie et les rivalités nuisibles. Un extérieur distingué, élégant, sans beauté, un assez bon cœur, mais pas gênant, pas de ces cœurs qui tyrannisent et gâtent une existence en entraînant à des dévouements stupides. Ses passions le portèrent à donner beaucoup, à se ruiner à peu près : c'étaient des passions, des entraînements, mais des sentiments, non pas.

S'il eût eu un guide plus indulgent, au lieu de se soustraire à son pouvoir avec empressement, ainsi qu'il le fit, il fût resté sous son aile, il eût profité de ses conseils, et, après un peu de jeunesse dépensée, il eût épousé qui il eût voulu avec ses avantages. Il serait aujourd'hui très haut placé dans la diplomatie, ou bien un des riches propriétaires de France, un grand chasseur, un père de famille, aimé, estimé dans le monde, et devant finir par l'épitaphe : *bon père, bon époux*, etc.

Au lieu de cela, il est mort, le pauvre enfant, après avoir mangé sa fortune, laissant une mémoire douteuse, sauf en ce qui concerne la bravoure et l'honorabilité, brouillé avec sa famille, qu'il déshérita et à qui la justice a rendu ce qui restait de ses biens. Tout cela par suite d'une fausse direction donnée à ses idées et à sa conduite. La fatalité s'en est mêlée. Il devait être le dernier de son nom.

Je ne sais qui l'avait monté contre sa grand'mère et contre ses oncles, qu'il accusait de tous les méfaits et qui, au total, avaient seulement tâché de le retirer des griffes de ces demoiselles et de ses flatteurs. Le moyen, par exemple, de ne pas lier les mains à un enfant qui, dans un souper, signait un bon de cinquante mille francs à je ne sais quelle personne parce qu'elle avait drôlement récité une facétie quelconque? On en citerait ainsi des quantités.

Sa grand'mère est une excellente et honorable femme, qui l'aimait tendrement et qui n'aurait voulu pour rien au monde même le contrarier.

Son oncle Charles, colonel du 1ᵉʳ zouaves, a été brillamment tué en Italie. Sur un ordre du maréchal, qui devait inutilement faire écharper son régiment, il crut devoir risquer une observation.

— Vous avez peur, colonel? répliqua froidement le maréchal.

Pour toute réponse, le brave militaire commanda la charge et se précipita en avant avec ses hommes : il ne revint pas. Il avait du reste le pressentiment qu'il succomberait, ce jour-là, et l'avait dit le matin à son domestique. Celui-ci vint le chercher sur le champ de bataille et le premier découvrit son corps, qui fut rapporté à Vendôme, où il repose.

Mᵐᵉ Paulze d'Ivoy est bien la mère de douleurs. Sur six enfants, elle en a vu mourir quatre, dont le plus jeune avait dix-sept ans, et aussi les deux petits fils de Gramont Caderousse.

Roland, l'aîné des oncles de Ludovic, a suivi la carrière des préfectures, où il s'est fait remarquer. C'est un homme distingué, intelligent et bon, qui ne souhaitait qu'une chose : ramener son neveu à la raison et lui rendre la position qu'il eût dû occuper.

Quant au général Christian Paulze d'Ivoy, c'est l'honneur, c'est la bonté même; il est incapable d'une mauvaise pensée envers qui que ce soit. S'il a la brusquerie militaire, c'est une façon de dissimuler son grand cœur, dont il se défie et qui a fait bien des ingrats. Il s'est engagé simple soldat en Afrique, a gagné tous ses grades par sa bravoure et par son mérite.

Telle est la famille *ennemie*, dont les complaisants amis de Ludovic ont fait un si beau portrait. S'il eût écouté ces *ennemis*-là, il vivrait encore heureux et honoré, tandis que ses *amis* l'ont conduit à sa perte et à sa ruine. J'entends par les *amis* ces dangereux flatteurs et non pas ceux que leur caractère, leur position dans le monde, placent en dehors de cette catégorie. Ceux-là l'ont aimé, entouré de leurs soins et l'auraient ramené à de saines idées, certainement, si Dieu eût permis qu'il vécût.

Je suis très loin du comte d'Hane, et j'y reviens pour arriver à une des personnes de ce monde, que j'ai le plus aimée, et qu'il m'a fait connaître, c'est lady Suzanne Hamilton Douglas. Elle habitait Bruxelles depuis plusieurs années, et il la voyait souvent. Il nous mit en relations, persuadé que nous nous conviendrions beaucoup, et il ne se trompait pas.

Lady Suzanne est une des plus grandes dames de l'Angleterre et de l'Europe. Fille de duc, femme de duc, mère de duc, sœur de duc, — et l'on sait ce que c'est qu'un duc anglais.

Fille du duc d'Hamilton Douglas, son nom seul dit l'histoire de sa famille. Son père était un homme fort intelligent, très instruit, un peu entaché de *Wigherie*, ce qui, chez sa fille, a produit des idées très avancées en politique et en organisation sociale. Elle s'occupe beaucoup de choses sérieuses ; elle aime et cultive en même temps tous les arts avec passion et avec succès.

Elle adore l'esprit ; nul ne le comprend mieux et n'en jouit davantage. D'une beauté excessive et d'une générosité sans bornes, elle est aussi douée d'un noble cœur. Il suffit de la voir pour désirer la revoir encore.

Belle, pleine de distinction et en même temps de charme, elle exerce une séduction irrésistible sur ceux qui l'approchent. Plus on la connaît, plus on l'apprécie, car elle a toutes les délicatesses de l'affection et il n'est pas de plus charmant caractère que le sien. Son humeur est d'une égalité parfaite ; sensible, douce, elle n'eut jamais une mauvaise pensée d'elle-même contre personne. Peut-être se laisse-t-elle un peu facilement entraîner par ceux qui lui tiennent de près, et n'a-t-elle pas eu le courage de défendre ses amis lorsqu'on lui a persuadé qu'ils ont tort. Elle les croit trop facilement coupables ; cela tient sans doute à ce qu'elle a été souvent trompée ; mais qui ne lui pardonnerait même ses injustices en songeant à tout ce qu'elle vaut ?

Elle avait épousé le duc de Newcastle, dont elle eut beaucoup d'enfants. Le ménage ne fut pas heureux. Ils se séparèrent.

Son frère, le duc Hamilton Douglas, marié à la princesse Marie de Baden, était un des gentilshommes les plus accomplis de l'Europe. On peut dire qu'il avait une beauté souveraine et une distinction dont nous n'avons guère d'exemple maintenant. Quel seigneur ! toute la grandeur de sa race était sur son visage.

Il est mort bien malheureusement et bien jeune encore.

Lady Suzanne recevait à Bruxelles beaucoup d'artistes. J'ai vu chez elle plusieurs des célébrités de Belgique, des peintres surtout, entre autres M. Portaels, dont le talent est célèbre dans toute l'Europe ; M. Van Moer qui débutait alors, ou à peu près, et qui est devenu un des meilleurs parmi les bons.

M. Slingeneyer, dont le nom est si difficile à prononcer pour des lèvres françaises, mais que nous

serions heureux de compter parmi nos compatriotes.
Il occupe un rang très distingué chez les successeurs
de Rubens, où il y a tant de gens de mérite dans les
arts. Il est gai, bon enfant. Nous avons fait avec lui,
en nombreuse compagnie, une joyeuse excursion à
Anvers, dans le quartier *prohibé*. C'est une singulière
promenade, que celle-là, et dont nous ne nous faisons
guère d'idée à Paris. Je vous la conterai tout à l'heure.

J'ai vu aussi chez lady Hamilton un chansonnier
très renommé, qu'on appelait le Béranger de la Belgique, M. Bovie. Il a fait surtout des chansons *un
peu* légères, avec de l'esprit, et tout à fait en dehors des
aptitudes de son pays. Il est impossible de dire mieux
des drôleries. Il les chante à merveille. Sa position de
fortune ne l'oblige point à vivre de son talent ; aussi
il ne publie pas, ou du moins il ne publiait pas alors
ses vers. Ce qui me fait douter qu'il ait persisté dans
sa résolution, c'est que plusieurs personnes m'ont
parlé de ses joyeux couplets en France et depuis lors.
Il est vrai qu'elles n'en connaissaient pas l'auteur.
Elles ignoraient même son nom.

C'est chez Dumas, toujours à Bruxelles, que j'ai
connu mon excellent éditeur et ami, Alphonse Lebègue.
Il habite depuis si longtemps cette bonne ville de Bra-
bant, qu'il est devenu presque Belge. Il s'est fait
citoyen de son pays d'adoption, tout en gardant sa
nationalité. Toutefois, il serait fort malheureux s'il lui
fallait revenir au nid paternel.

Il a occupé une des premières places dans la librairie,
chez nos voisins. Son *Office de publicité* est un magnifique établissement, parfaitement complet dans son
genre. Tout ce qu'il y a à Bruxelles d'intelligent vient
y chercher des nouvelles ; c'est là qu'on les apprend
et qu'on les commente ; c'est un mouvement et un
renouvellement de figures perpétuels.

Quant à Lebègue lui-même, il est fort intelligent. Il
conduit à merveille ses grandes affaires. Lui et son
associé ont tout juste ce qu'il faut pour s'entendre, sans

se ressembler. Mon compatriote est très bon ; comme beaucoup d'autres il n'en convient point, ou du moins il s'efforce de le cacher. Il se fait brusque, mais le bout de l'oreille passe. Il est certain qu'on ne peut pas longtemps dissimuler ce que l'on a. L'intimité le découvre bien vite. De là peut-être le secret de quelques gens que leurs amis chérissent, et que les indifférents ne peuvent souffrir.

CHAPITRE XXI

Nous quittons la Belgique. — Une jolie promenade. — Les environs de Marseille. — Les surprises de mon portefeuille. — De première main. — Pari de ne parler qu'en trois syllabes. — Des vers de Méry. — Qu'il a de l'esprit ! — Ses défauts et ses qualités. — La bonne chère. — Le service à table. — Tant pis et trop tard. — Les oiseaux et les artistes. — Le *causeur* et le souverain. — *Lucrèce* de Ponsard. — Les deux versions. — Un improvisateur admirable. — Chez Mme de Girardin. — La *Floride*. — Les amours éphémères. — Le cœur se retrouve partout.

Quittons la Belgique, si aimable, si hospitalière, et revenons à Méry.

Je ne puis résister au désir de mettre ici quelques-uns de ses vers, improvisés dans une promenade avec un de ses amis, aux environs de Marseille. Ils sont tout à fait inédits. Il ne se les rappelle peut-être plus. Je les ai dans mon portefeuille depuis des années ; je les tiens de la première main, et personne que moi ne les a sans doute conservés. Ils avaient parié de ne parler qu'en vers de trois syllabes tout le temps que durerait leur excursion, et voici ce qu'on a sauvé de cette avalanche poétique :

Vers le plane
De ce val,
Va mon âne
Sans rival ;
Sur la mousse,
Je trémousse,
Comme un mousse

A cheval.
Beau platane,
Vieux curé,
En soutane,
Tonsuré,
Il s'approche
De la roche
Où la cloche
Sonne en *ré*.
Je chemine
Au hasard.
J'ai la mine
D'un César.
Douce ivresse,
Tu caresses
Ma paresse
De lézard.

Il est certaines choses passées à l'état d'habitude, j'oserai dire *rengaine*. Ce mot bohème rend, mieux que tout autre, ma pensée; je vous demande pardon de l'employer, mais il est juste et j'en fais mon profit. Ainsi, lorsqu'on parle de Méry, deux phrases arrivent immédiatement à la suite l'une de l'autre.

— Qu'il a de l'esprit! qu'il est amusant!

— Il a toujours froid, il porte un manteau au mois de juillet.

Ceci décidé, on s'arrête. Il semble que ce charmant poète ne soit au monde que pour divertir ceux qui l'écoutent, ou bien pour se poser en excentrique devant la foule. Ce serait, à les entendre, un bouffon spirituel et gelé, voilà tout.

Et, cependant, combien ils se trompent! que d'observations à faire sur ce caractère multiple! quelle étude intéressante! que d'originalité naturelle et non cherchée!

Méry a tout à la fois les qualités et les défauts de ses pareils; il a en outre un de ces cœurs pleins de tendresse et d'illusions que les déceptions ne corrigent point. Il restera jeune sous ce rapport jusqu'à la fin. Il ne le montre que le moins qu'il peut, ou plutôt il croit ne pas le montrer : les poètes sont beaucoup de la famille des autruches. Ainsi il assistera sans émotion apparente au départ d'un de ses amis, puis il ira attendre la voiture au coin de quelque ruelle écartée afin de la voir encore, et ses larmes couleront sans qu'il songe à les essuyer.

Ses amis, ce sont ses fétiches. Lui, si doux d'ordinaire, il devient un lion lorsqu'on les attaque; il s'emporte, il se livre à sa fougue marseillaise, et Dieu sait les arguments qu'il trouve pour les défendre. Il met toutes colères dehors; c'est un rude jouteur dans cette croisade; il veut avoir le dernier mot.

Méry est serviable jusqu'à la ténacité. Il y a mille traits de lui en ce genre qu'on ignore. Ainsi, voulant un jour prêter à quelqu'un l'argent qu'il n'avait pas, il réclama une avance à un journal. Les bureaux étaient fermés, le caissier n'avait d'autre clef que celle de sa caisse, et les garçons couraient les champs. Méry ne se laissa pas décourager pour si peu; il fit dresser une échelle contre une fenêtre dans la cour, et le payeur, entraîné par ses prières, consentit à entrer par cette voie aérienne, après avoir cassé un carreau. L'escalade accomplie, notre poète se sauve, heureux comme un homme qui sait obliger, et s'en va retrouver le patient à qui cet argent tombe dans la poche comme la manne dans le désert.

Son humeur est d'une égalité et d'une gaieté inaltérables. Il prend la vie comme elle vient, les hommes comme ils sont. Il n'a pas le côté rêveur et mélancolique de la poésie, à moins qu'il ne soit amoureux, ce qui lui arrive souvent; je devrais dire toujours. Alors il inonde de vers l'objet de sa flamme; il en fait sur tout ce qui l'entoure. Il lui répète qu'il l'aime d'une si jolie façon et de tant de manières, qu'elle est obligée de le croire. D'abord, il est persuadé lui-même, ce qui est rare; il ne ment pas à ses sentiments, et si la réflexion lui en démontre l'erreur, il s'empresse de chasser la réflexion. Il a des boutades auxquelles on ne peut résister, et, bien qu'il ne ressemble pas précisément à l'Apollon du Belvédère, et qu'il n'ait pas, tant s'en faut, la tenue irréprochable du comte d'Orsay, il a eu, il doit avoir encore d'éclatants succès près des femmes. Il les séduit par les oreilles : ses chants les caressent et les endorment; elles sont si charmées de l'entendre qu'elles oublient de le regarder.

Méry est original, je vous l'ai dit; il est enfant comme un écolier, il adore les espiègleries. Je ne mentionne que pour mémoire les enseignes décrochées, les réverbères cassés, farces élémentaires transmises de générations en générations; il en invente de plus nouvelles et dont l'exécution lui appartient. Ainsi, ayant invité de joyeux convives à dîner au cabaret, il les fit entrer dans une salle, et se déguisant en garçon, il servit des imbéciles à côté avec un sang-froid imperturbable. Il leur montrait les plats et les portait à ses amis qui les dévoraient, et les autres n'avaient que les restes, encore leur persuadait-il qu'ils devaient être parfaitement contents.

Il aime la bonne chère; il est charmant à table quand il veut. Il n'admet d'autre vin que le vin de Bordeaux; il est fort expert, et son palais a autant de délicatesse que sa pensée.

Son exactitude passe toute croyance. Chez lui, on sert le déjeuner et le dîner à l'heure précise, pas une minute avant ou après. Il n'attend personne, il ne s'attend pas lui-même. S'il n'est pas rentré, on sert nonobstant. Les plats restent le temps voulu pour les déguster; ensuite on les ôte, et, n'importe qui vienne, on ne mange plus. Tant pis pour le maître, tant pis pour les autres, ils s'en passeront; la règle n'est jamais enfreinte.

Rien ne l'amuse comme de recevoir des lettres. Il s'en écrivait jadis pour avoir le plaisir d'envisager le facteur. Il parle quelquefois par énigmes et prend des airs mystérieux qui ressemblent à un mélodrame. De temps en temps il disparaît, on ne sait où il perche; on l'aperçoit, le soir, rasant les murailles, enseveli dans ce fameux manteau, aussi fameux que l'héroïque redingote grise. Il semble ne voir personne et ne veut pas être interpellé. Ce sont les *Tristes* du poète, ce sont ses accès de misanthropie et de solitude. Il a toujours d'excellentes raisons pour ces éclipses, de ces raisons que l'on devine et que certaines gens transforment en arguments persécuteurs. Les nuages dissipés, il reparaît plus radieux qu'auparavant. Sa verve pétille comme un feu d'artifice, il répare le temps perdu, et son esprit nous rend le double de ce qu'il nous a dérobé; il est trop honnête pour nous rien prendre.

Méry aime les animaux, les oiseaux en particulier, et parmi les oiseaux les serins de Canarie. Il en a eu longtemps un superbe qui s'appelait *Jonas* et qui n'avait pas les qualités du prophète; on ne le faisait pas taire facilement. Il a chéri aussi une perruche, et un de ses récits désopilants est l'odyssée de cette perruche échappée de sa cage, s'en allant se jucher sur le clocher d'une vieille église; les étonnements et les discours des hiboux à l'aspect d'un oiseau vert à bec recourbé comme le leur, chantant des chansons, disant des paroles, ne peuvent se raconter, il faut les entendre de la bouche de Méry : cela vaut toutes les farces du Palais-Royal, c'est à mourir de rire. Il a de ces récits que l'on payerait des sommes folles, si l'on pouvait les écrire. Sa conversation est un monologue; il n'a besoin ni de réplique ni d'interruptions. Lorsque son auditoire lui plaît, il arrive au sublime de la plaisanterie : il fait des poèmes épiques plus magnifiques que ceux des Immortels. Je ne sais quel dieu s'empare de son cerveau et lui dicte des choses inconnues ; on l'écouterait des nuits entières sans fatigue et sans lassitude. La pantomime méridionale accompagne l'improvisation ; il change de voix suivant ses personnages, il imite tous les accents, en gardant l'accent marseillais, il joue une comédie sans entr'acte : c'est inouï, c'est fabuleux.

Un souverain devrait se l'attacher comme *causeur* pour se reposer des ennuis des affaires. Il n'est pas de soucis qui tiennent à cette gerbe d'étincelles, et je défie qu'on garde rancune à qui que ce soit après l'avoir écouté.

Son improvisation en vers est tout aussi extraordinaire pour le moins. C'est une facilité prodigieuse : il ne cherche pas, le vers arrive complet à ses lèvres ; il y arrive avec l'idée, contre l'habitude des improvisateurs qui n'en ont guère. Lors de l'apparition de Ponsard, on portait aux nues sa *Lucrèce* sans la connaître. Méry se trouvait un soir chez Mme de Girardin ; il annonçait qu'il allait la faire, lui, cette tragédie, dont on s'évertuait à vanter le mérite inédit, et qu'il en paraîtrait chaque jour un acte dans *le Globe*. Il n'y manqua pas ; la pièce fut admirée et acceptée comme étant du débutant.

Les académiciens se pâmèrent et la proclamèrent un chef-d'œuvre. La surprise fut grande lorsqu'on joua *Lucrèce* ; on n'y retrouva pas un seul vers de la première épreuve, et tout le Parnasse en glosa. Quant à Méry, il soutenait que la *Lucrèce* imprimée était du Dauphinois, et qu'apparemment il l'avait recommencée.

Une autre fois, il fredonne d'avance l'opéra qu'Halévy va composer, il le devine, le sait tout entier et il le chante à sa manière. En musique, il n'admet que Mozart et Rossini ; hors de là, pas d'harmonie, pas d'expression. Il aime beaucoup la musique cependant, il y est fort sensible ; sa nature nerveuse et impressionnable s'y laisse prendre volontiers ; c'est presque la seule chose dont il ne rit pas.

Il est joueur, et joueur malheureux ; il perd comme un grand seigneur, sans dépit ni colère. Il fait philosophiquement les petits paquets d'or de chacun et les distribue ; il semble que ce soient des dragées. Il recommence le même soir et il recommence à perdre, sachant d'avance qu'il perdra. Qu'importe ! il joue ! Les passions sont ainsi ; on joue et on aime pour jouer

et pour aimer. Les suites ne sont que des suites
après tout, et la jouissance du moment est impérieuse. L'âpre bonheur de souffrir par ses passions
satisfaites est le *nec plus ultra* des forces humaines ;
tout le monde ne peut aller jusque-là.

Méry est paresseux, comme Figaro, avec délices ; il
s'étendrait au soleil des journées entières, et resterait
à chauffer son âme à ses rayons. Lorsqu'il faut travailler, il se fait violence, et le travail s'improvise
également. Ses romans, pleins d'adorables tableaux
d'un sentiment si vrai et si élégant, sont écrits au
courant de la plume avec la plus belle écriture du
monde. La phrase coule d'elle-même, et l'image la
suit. Il voit ce qu'il peint. En lisant la *Floride*, qui
douterait que Méry a habité l'Inde, qu'il y a vécu des
années ? Et pourtant, il n'y a jamais passé une heure ;
il a deviné, il raconte. Dieu l'a certainement envoyé
sur la terre pour conter.

Je ne saurais tout analyser dans cette existence de
poète. Il dissimule ce que d'ordinaire chacun montre ;
il a fait une part de sa vie que peu de gens connaissent. Il s'en va en bonne fortune où l'on entre le
front levé, et trompe les amours éphémères pour les
affections sérieuses. Cela ne ressemble à personne ;
est-ce que les poètes, les vrais poètes, ressemblent à
autre chose qu'à eux-mêmes ?

Méry n'a ni méchanceté, ni fiel, tout au plus des
malices et des sarcasmes ; encore faut-il qu'il soit
bien excité. Sa critique est fine et pleine de sel
attique ; s'il voulait s'y livrer, il occuperait une place
brillante parmi les aristarques. Il est bienveillant, il
sait combien un pauvre auteur se donne de peine
pour écrire, même un méchant livre ; il en tient
compte, et plutôt que de désespérer un commençant,
il serait capable de refaire son œuvre. Le cœur se
retrouve partout.

FIN DES « MÉMOIRES DES AUTRES »

INDEX ALPHABÉTIQUE

DES

Principaux noms cités dans les « Mémoires des Autres »[1]

A

B

1. Les chiffres romains indiquent les tomes.
Les chiffres arabes indiquent les pages de volumes.
Les petits chiffres romains (VIII) indiquent les pages de préface.

C

D

E

F

G

H

M

R

S

T

V

W

TABLE DES MATIÈRES

CHAPITRE PREMIER

CHAPITRE II

CHAPITRE V

CHAPITRE VI

CHAPITRE X

CHAPITRE XI

CHAPITRE XII

CHAPITRE XIII

CHAPITRE XIV

CHAPITRE XV

CHAPITRE XVI

CHAPITRE XVII

CHAPITRE XVIII

CHAPITRE XIX

CHAPITRE XX

CHAPITRE XXI

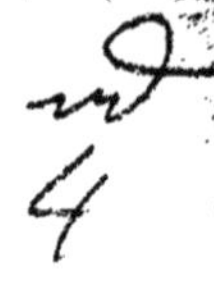

Paris. — Imprimerie PAUL DUPONT, 4, rue du Bouloi (Cl.) 6.8.87